Zart und saftig bei 80 °

Niedrigtemperaturgaren

> Autorin: Margit Proebst | Fotos: Jörn Rynio

Inhalt

Die Theorie

Die Rezepte

Extra

Fleisch so zart wie nie

Die Medaillons zergehen auf der Zunge? Der Braten ist so aromatisch und zart, wie Sie ihn noch nie gegessen haben? Wir verraten das Geheimnis: Beide wurden sanft bei 80° gegart – ganz einfach genial! Sie braten das Fleisch sorgfältig an, alles Übrige besorgt Ihr Backofen. Das Ergebnis: unvergleichlich saftiges Fleisch, das selbst verwöhnte Gourmets ins Schwärmen geraten lässt. Probieren Sie es aus! Sie werden Ihren Festtagsbraten nie wieder anders zubereiten.

Anbraten und ab in den Ofen!

Anbraten, dann sanft bei 80° im Backofen fertig garen – klingt ganz einfach und genauso ist es auch! Während Braten oder Medaillons im Ofen garen, haben Sie alle Zeit der Welt. In Ruhe können Sie Beilagen und Sauce zubereiten, den Tisch decken oder einfach relaxen. Freuen Sie sich entspannt auf Ihre Gäste. Der Applaus ist Ihnen sicher: Mit dem 80°-Trick gelingt Fleisch so perfekt wie im Sternerestaurant.

1 | Gutes Fleisch, bester Braten

Das große Plus der 80°-Methode: Das natürliche Aroma des Fleisches kommt voll zur Geltung, weil es bei dieser Temperatur sanft nachreift. Und je besser das Fleisch, desto feiner der Braten. Einwandfreie Qualität und hygienische Verarbeitung sind bei der 80°-Methode besonders wichtig, da das Fleisch nicht bei hohen Temperaturen durchgebraten wird. Biofleisch aus der Region ist immer eine gute Wahl. Dabei können Sie sicher sein, dass die Tiere vernünftig gefüttert wurden, keine langen Transportwege erdulden mussten. Der höhere Preis für das »stressfreie« Fleisch wird durch Top-Qualität wettgemacht. Auch in traditionellen Metzgereien und vielen Fleischabteilungen guter Supermärkte bekommen Sie ausgezeichnete Qualität. Ob Schwein, Lamm oder Rind, Filet oder Schulterstück: Fleischkauf ist Vertrauenssache. Lassen Sie sich bei der Auswahl von Ihrem Metzger beraten!

2 | Perfekt zubereiten

Heizen Sie den Backofen samt einer flachen, ofenfesten Form auf 80° vor. Bevor Sie nun das Fleisch hineingeben, braten Sie es rundherum an. Die Kruste schützt Medaillons und Braten beim Garen im Ofen. So bleiben die Säfte im Fleisch – es wird supersaftig und zart. Wählen Sie zum Anbraten eine Pfanne, die gerade groß genug ist für das Fleischstück. Entfernen Sie beim Fleisch Sehnen und alles sichtbare Fett. Dann würzen

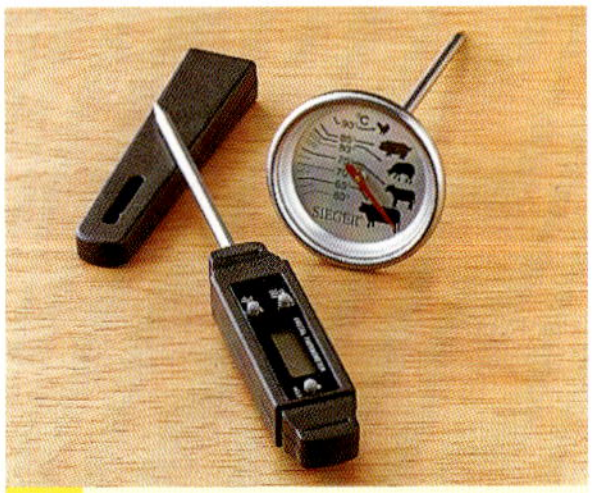

> 1 *Mit einem Bratenthermometer messen Sie die Kerntemperatur des Fleischs perfekt.*

Sie Medaillons oder Braten. Braten Sie das Fleisch sorgfältig von allen Seiten an, bis sich rundherum eine goldbraune Kruste gebildet hat. Kleine Stücke wie Medaillons oder Steaks braten Sie bei starker Hitze von beiden Seiten je 2 Min. an und geben sie dann in den vorgewärmten Backofen. Mittlere und große Fleischstücke brauchen 5–10 Min. bei etwas milderer Hitze, bis sie rundherum richtig angebraten sind. Ganze Enten oder Gänse gelingen perfekt, wenn Sie sie 1 Std. bei 220° im Backofen vorgaren. Die Haut wird schön knusprig, das Fleisch superzart.

Garzeiten auf einen Blick

Wann ist der Braten fertig? In den Rezepten in diesem Buch nennen wir Ihnen exakte Garzeiten. Damit wird Ihr Braten sicher gelingen.
Sind Sie auf den Geschmack gekommen und wollen selbst neue Rezepte kreieren? Dann hilft Ihnen die Tabelle auf dieser Seite. Hier finden Sie Richtzeiten fürs Anbraten und Fertiggaren.
Wer ganz sicher gehen will, verwendet ein Bratenthermometer, das die Kerntemperatur misst. Stecken Sie es in die dickste Stelle des Fleisches. Es darf dabei aber nicht auf einen Knochen stoßen – das verfälscht das Ergebnis. Nun garen Sie das Fleisch, bis es die gewünschte Kerntemperatur erreicht hat:
Rosig gebratenes Rind-, Kalb- oder Lammfleisch sollte im Inneren 55° heiß sein. Wer es stärker durchgebraten bevorzugt, gart bis etwa 60°. Schweinefleisch und Wild schmecken bei 65° Kerntemperatur am besten. Geflügel sollte auf 65–70° erhitzt werden. Nur Mut und gutes Gelingen!

Fleischstück	Anbraten	Garen bei 80°
Schwein		
Filet (Medaillons)	2 Min. pro Seite	40 Min.
Filet (ganz)	6–7 Min.	1 Std. 30 Min.
Spanferkel (1 kg)	5–6 Min.	3 Std. – 3 Std. 30 Min.
Schulterbraten (1,2 kg)	8–10 Min.	4 Std. – 4 Std. 30 Min.
Lende (1 kg)	6–7 Min.	2 Std. 30 Min. – 3 Std.
Kalb und Rind		
Kalbsfilet (ganz)	5–6 Min.	1 Std. 30 Min.
Kalbshaxe	8–10 Min.	5 Std.
Kalbsbraten (1,2 kg)	7–8 Min.	3 Std. – 3 Std. 30 Min.
Rinderfilet (Medaillons)	2 Min. pro Seite	45 Min.
Rinderfilet (ganz)	6–7 Min.	1 Std. 30 Min. – 2 Std.
Rinderbraten (1 kg)	7–8 Min.	3 Std. – 3 Std. 30 Min.
Roastbeef (1,2 kg)	10 Min.	2 Std. 30 Min. – 3 Std.
Lamm und Reh		
Lammrückenfilet	4–5 Min.	25 Min.
Lammkarree	5–6 Min.	1 Std. – 1 Std. 30 Min.
Lammkeule (1,5 kg)	8–10 Min.	5 Std. 30 Min. – 6 Std.
Rehfilet (Medaillons)	2 Min. pro Seite	30 Min.
Rehrückenfilet (ganz)	5–6 Min.	1 Std. 45 Min.
Rehbraten (1 kg)	7–8 Min.	2 Std. 30 Min.
Geflügel		
Entenbrustfilet	4–6 Min.	40–50 Min.
Hähnchenbrustfilet	4–5 Min.	30 Min.
Putenbraten (1,2 kg)	7–8 Min.	5 Std.
Ente (2,5 kg)	1 Std. bei 220°	5 Std. 30 Min.
Gans (4 kg)	1 Std. bei 220°	6 Std. 30 Min.

Sanftes Garen – so gelingt's

Das A und O beim Niedrigtemperaturgaren: ein Backofen, der eine konstante Temperatur von 80° gewährleistet.

Kleine Backofenkunde

Elektro-Backofen: Die meisten Modelle sind fit für die 80°-Methode. Mit Ober- und Unterhitze sorgen sie für ein optimales Garergebnis. Umluft eignet sich nicht so gut. Lässt sich die Temperatur Ihres Backofens stufenlos einstellen? Prima, aber verlassen Sie sich nicht völlig auf die Grad-Angabe auf dem Schalter. Speziell im Bereich unter 100° sind viele Herde ungenau. Kontrollieren Sie bei den ersten Versuchen die Temperatur regelmäßig mit einem Backofenthermometer.

Gas-Backofen: Fürs sanfte Garen leider nicht empfehlenswert. Selbst bei niedrigster Stufe erreichen mit Gas beheizte Öfen leicht 100–120°. Besitzen Sie einen Gasherd mit Elektro-Backrohr? Dann können Sie darin problemlos bei 80° garen.

1 *Kontrollieren Sie die Temperatur mit einem Backofenthermometer.*

Ofen vorheizen

Für ein optimales Ergebnis ist es wichtig, den Backofen vorzuheizen. Und zwar gleich mitsamt der flachen, ofenfesten Form, in der der Braten gegart werden soll. So erleidet das Fleisch nach dem Anbraten keinen Temperaturschock, sondern wird sanft in die Garphase bei 80° übergeleitet.

Abstand halten!

Wählen Sie die Einschubleiste so, dass der Abstand zwischen Fleisch und Ofen nach allen Seiten in etwa gleich groß ist. Bei kleineren Stücken ist die mittlere Einschubleiste perfekt, Ente oder Gans besser im unteren Drittel des Ofens einschieben.

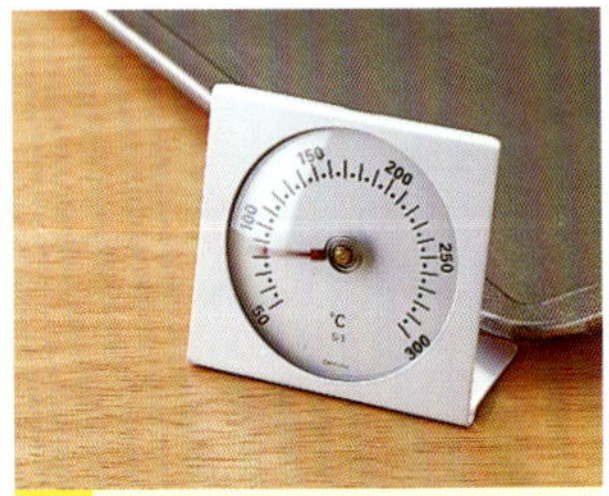

2 *Backofenthermometer bekommen Sie für wenig Geld in Haushaltswarengeschäften.*

Temperatur-Test

Prüfen Sie mit Hilfe eines Backofenthermometers, ob Ihr Herd konstant 80° hält. Ist das der Fall? Dann können Sie Ihren Braten unbesorgt über Stunden alleine lassen. Er wird ohne weiteres Zutun perfekt gelingen. Sinkt die Temperatur unter 75°? Dann sollten Sie sie kurzfristig ein wenig erhöhen. Unter 80° wird der Garvorgang spürbar verlangsamt. Bei 60° kommt er nahezu vollständig zum Stillstand. Die Folge: Die Garzeit verlängert sich. Ebenso wenig wünschenswert ist eine Temperatur über 90°. Dadurch trocknet das Fleisch langfristig aus.

6 x nachgefragt

Fleisch anbraten – warum?

Durch sorgfältiges Anbraten bildet sich eine schützende Kruste. Sie hält den Fleischsaft im Braten. So wird er zart und supersaftig. Wichtig: Braten Sie kleine Stücke bei starker Hitze, große Braten bei etwas milderer Hitze an – rundherum, bis sie von allen Seiten goldbraun angebraten sind.

Salzen und würzen – wann am besten?

Nach neueren Erkenntnissen der Wissenschaft verliert Fleisch keinen Saft, wenn Sie es kurz vor dem Zubereiten salzen. Sie können es also getrost vor dem Anbraten mit Salz, Pfeffer, Senf und robusten Kräutern wie Rosmarin oder Thymian würzen. Die Aromen dringen dadurch optimal ins Fleisch ein. Zarte Kräuter wie Bärlauch oder Basilikum besser zum Ende der Garzeit zugeben.

Temperatur prüfen – wie funktioniert's?

Bei manchen Backöfen schwankt die Temperatur, bleibt nicht konstant bei 80°. Am besten kontrollieren Sie die Wärme zwischendurch mit einem Backofenthermometer. Minimale Schwankungen auf 75° bzw. 85° sind unproblematisch. Erste Hilfe bei größeren Abweichungen: Temperatur kurzzeitig etwas erhöhen oder durch kurzes Öffnen der Backofentür reduzieren.

Fleisch abdecken – muss das sein?

Nein! Garen Sie das Fleisch immer offen in einer flachen Form. So kann die warme Luft es konstant umspielen. Wenn Sie dagegen Fleisch in einem geschlossenen Bräter garen oder mit Alufolie abdecken, bildet sich Kondenswasser. Das weicht die schützende Kruste auf.

Soll ich Flüssigkeit angießen?

Bitte nicht! Bei 80° kocht der Bratensatz nicht ein, das Fleisch läge also permanent in einer »Pfütze«. Dadurch würde die isolierende Kruste vom Anbraten aufgeweicht. Das Fleisch würde wertvollen Bratensaft verlieren.

Wie bekomme ich eine Sauce?

Beim sanften Garen bei 80° entsteht nicht so viel Sauce wie beim herkömmlichen Braten. Der aromatische Saft bleibt nämlich überwiegend im Fleisch – deshalb schmeckt es ja so unvergleichlich saftig und zart. Trotzdem lässt sich ein leckeres Sößchen zaubern: Verwenden Sie den Bratensatz in der Pfanne vom Anbraten des Fleisches und den Fleischsaft, der sich in der Form absetzt.

Lauter leckere Saucen und Chutneys

Estragonrahm

Für 4 Personen 2 Schalotten schälen und sehr fein würfeln. Bratensatz in der Pfanne vom Anbraten des Fleisches mit 1/2 EL Butterschmalz erhitzen, Schalotten darin 1 Min. anbraten. Mit 200 ml Weißwein (ersatzweise Geflügelfond aus dem Glas) und 200 g Sahne ablöschen und 3–4 Min. bei starker Hitze einkochen lassen. 1 Bund Estragon waschen und trockenschütteln, Blätter grob hacken. Die Sauce mit Salz, weißem Pfeffer und 1 Prise Zucker würzen. Kurz vor dem Servieren den Estragon unterrühren. Fein zu Kalbs-, Schweine- oder Hähnchenbrustfilet.

Paprikasauce

Für 4 Personen je 1 rote und gelbe Paprikaschote putzen, waschen und klein würfeln. 1 Zwiebel und 2 Knoblauchzehen schälen und fein hacken.
1 EL Olivenöl in die Pfanne mit dem Bratensatz vom Anbraten des Fleisches geben und erhitzen. Zwiebel und Knoblauch darin 1 Min. anbraten. Paprikawürfel dazugeben und 2 Min. unter Rühren mitbraten. 200 g stückige Tomaten und 100 ml Wasser unterrühren.
Mit 1/2 TL getrocknetem Thymian, etwas Salz und Cayennepfeffer würzen und bei mittlerer Hitze 4–5 Min. köcheln lassen. Würzig und farbenfroh zu Schweine-, Lamm- und Putenfleisch.

Tomatensauce

Für 4 Personen 12 getrocknete Tomaten fein würfeln. 1 Zwiebel und 2 Knoblauchzehen schälen und fein hacken.
1 EL Olivenöl in die Pfanne mit dem Bratensatz vom Anbraten des Fleisches geben und erhitzen. Zwiebel und Knoblauch darin 1 Min. anbraten. Tomaten und 2 EL Pinienkerne dazugeben und 2 Min. unter Rühren mitbraten. Mit 200 ml Gemüsebrühe ablöschen. Alles 5 Min. bei schwacher Hitze köcheln lassen. 250 g Kirschtomaten waschen, vierteln und unterrühren. Kurz vor dem Servieren die Blätter von 1/2 Bund Basilikum grob zerzupfen und untermischen. Fruchtig und lecker zu Schweine- und Lammfleisch.

Zitronengrassauce

Für 4 Personen 2 Knoblauchzehen schälen. Von einem Stängel Zitronengras die harten Blätter entfernen, das untere weiche Drittel hacken. 1–2 kleine grüne Chilischoten putzen und klein schneiden. Alles mit 1/2 TL Salz und 1 TL Zucker im Mörser zu einer feinen Paste zerstoßen. Von 1 Dose Kokosmilch (400 g) 3 EL vom dicken Teil an der Oberfläche in der Pfanne erhitzen. Die Würzpaste einrühren, 2 Min. bei starker Hitze anbraten. Restliche Kokosmilch dazugeben und 5 Min. kochen lassen. Mit 4–5 EL Limettensaft, Salz und weißem Pfeffer abschmecken. Verleiht Hähnchenbrust- und Schweinefilet einen zitronig-scharfen Asia-Touch.

Zwiebelmarmelade

Für 4 Personen 500 g rote Zwiebeln schälen, längs halbieren und in feine Spalten schneiden. 4 EL Öl in einer Pfanne erhitzen und die Zwiebeln darin bei mittlerer Hitze 5 Min. unter Rühren anbraten. 2 EL braunen Zucker und 1/2 TL Salz darüber streuen und 2 Min. weiterbraten, bis der Zucker karamellisiert. Mit 50 ml Balsamico-Essig und 50 ml Rotwein (ersatzweise Wasser) ablöschen und bei schwacher Hitze zugedeckt 15 Min. köcheln lassen, gelegentlich umrühren. Abkühlen lassen. Exquisit zu Kalb- oder Lammfleisch.

Minzsauce

Für 4 Personen je 1 Bund frische Minze und Petersilie waschen und trockenschütteln, die Blätter abzupfen und grob zerkleinern. Mit 1/2 TL Salz, 1 TL Zucker, 1 EL Zitronensaft, 2 EL Weißweinessig und 3 EL Olivenöl in den Mixer geben und fein pürieren. Nach Belieben mit frisch gemahlenem Pfeffer abschmecken. Klassisch-britischer Aroma-Kick zu Lamm- und Rindfleisch.

Apfelchutney

Für 8 Personen 500 g säuerliche Äpfel (z. B. Boskop) schälen, ohne Kerngehäuse in Spalten schneiden und in einem Topf mit dem Saft von 1 Zitrone mischen. 50 g frischen Ingwer schälen und grob raspeln. 1 rote Chilischote waschen, nach Belieben entkernen und in feine Scheiben schneiden. Beides mit 1/2 TL Kurkuma, 1 TL Salz, 4 EL braunem Zucker, 4 EL Apfelessig und 4 EL Wasser unter die Äpfel rühren. Zum Kochen bringen und bei mittlerer Hitze unter regelmäßigem Rühren 20 Min. köcheln lassen. Verleiht, lauwarm oder kalt serviert, Hähnchen- oder Kalbfleisch eine exotische Note.

Tomatenchutney

Für 8 Personen 500 g reife Tomaten kreuzweise einritzen, überbrühen, häuten und in grobe Stücke schneiden. 1 Zwiebel schälen und fein hacken. 1–2 grüne Chilischoten waschen und in Ringe schneiden. 3 Gewürznelken, 1 TL Senfkörner und 1/4 TL Pfefferkörner im Mörser zerstoßen. Mit den Tomaten, 1/2 TL Salz, 2 EL braunem Zucker und 2 EL Weißweinessig in einem Topf unter Rühren 20 Min. köcheln lassen, bei Bedarf etwas Wasser dazugeben. 2 EL Balsamico-Essig unterrühren. Lauwarm oder kalt ein feiner mediterraner Begleiter zu Schweine-, Lamm- oder Putenfleisch.

Von Knödeln und Kartoffelplätzchen

Kartoffelknödel

Für 4 Personen 700 g rohe und 300 g gekochte Kartoffeln vom Vortag (beide mehlig kochend) schälen bzw. pellen. Die rohen Kartoffeln fein reiben, in ein festes Küchentuch geben, zusammendrehen und alle Flüssigkeit auspressen. In eine Schüssel geben, Pellkartoffeln durch die Kartoffelpresse dazupressen. 2 Eier, 1 TL Salz und 4–5 EL Mehl unterkneten. Reichlich Salzwasser zum Kochen bringen. Aus der Masse mit feuchten Händen 8 Knödel formen und ins kochende Wasser gleiten lassen. Bei schwacher Hitze in ca. 20 Min. gar ziehen lassen.

Fingernudeln

Für 4 Personen 750 g mehlig kochende Kartoffeln zu Pellkartoffeln kochen, abgießen, ausdampfen lassen und pellen. Durch die Kartoffelpresse drücken, auskühlen lassen. Mit Salz, Pfeffer, 1 Ei und 2–3 EL Mehl verkneten. Reichlich Salzwasser aufkochen. Teig zu einer 3 cm dicken Rolle formen, in 1 cm breite Stücke schneiden und zu Würstchen mit spitz zulaufenden Enden rollen. Fingernudeln ins kochende Wasser geben. 2–3 Min. darin ziehen lassen. In einer Pfanne 2 EL Butter erhitzen. Nudeln abgießen und abtropfen lassen. In der Butter unter Rütteln in 4–5 Min. goldbraun braten.

Kartoffelplätzchen

Für 4 Personen 800 g mehlig kochende Kartoffeln in einem Topf mit Wasser bedeckt in 25 Min. weich kochen. Die Kartoffeln abgießen, ausdampfen lassen, pellen und durch die Kartoffelpresse drücken. Auskühlen lassen und mit Salz und frisch geriebener Muskatnuss würzen. 2 Eigelbe und 3–4 EL Mehl untermischen und zu einem weichen Teig verkneten. Den Kartoffelteig zu einer Rolle (5 cm ∅) formen, 15 Min. zugedeckt ruhen lassen. Die Rolle in 12 Scheiben schneiden und zu Küchlein formen. Portionsweise in Butterschmalz von jeder Seite in etwa 2 Min. goldbraun braten.

Kräuterspätzle

Für 4 Personen 250 g Mehl in eine Schüssel sieben. 100 ml Milch und 3 Eier unterrühren und mit Salz und etwas Muskat würzen. 10 Min. zugedeckt ruhen lassen. Inzwischen 1 Bund gemischte Kräuter (z. B. Petersilie, Schnittlauch, Basilikum) waschen, trockenschütteln und sehr fein hacken. Unter den Teig mischen. In einem großen Topf Salzwasser zum Kochen bringen. Den Teig portionsweise in einen Spätzlehobel füllen und ins kochende Wasser drücken. Wenn die Spätzle oben schwimmen, abgießen und warm stellen. Nach Belieben 1 EL Butter untermischen.

Gemüsenudeln

Für 4 Personen 2 Möhren schälen und 1 kleinen Zucchino waschen. Alle längs halbieren und mit einem Sparschäler in bandnudelförmige Streifen hobeln. Das Grün von 4 Frühlingszwiebeln waschen und längs halbieren.
In einem Topf reichlich Salzwasser zum Kochen bringen. 250 g breite Bandnudeln darin nach Packungsangabe garen. 2 Min. vor Ende der Garzeit das Gemüse untermischen und mitkochen. Durch ein Sieb abgießen, leicht pfeffern und nach Belieben 1 Hand voll Kerbelblättchen untermischen.

Safranreis

Für 4 Personen 250 g Basmati-Reis in ein Sieb geben und kalt abbrausen. Den Reis mit 600 ml Wasser und 1/2 TL Salz zum Kochen bringen.
1 Döschen Safranfäden (0,1 g) unterrühren und den Reis zugedeckt bei sehr schwacher Hitze 15–18 Min. quellen lassen. Vor dem Servieren nach Belieben 1 EL Butter in Flöckchen unterziehen.

Früchte-Couscous

Für 4 Personen je 10 getrocknete Aprikosen und Datteln (ohne Kern) fein würfeln. 1 Bund Frühlingszwiebeln putzen, waschen und schräg in Scheiben schneiden.
250 ml Gemüsebrühe (Instant) in einem Topf zum Kochen bringen. Die Trockenfrüchte, die Frühlingszwiebeln und 200 g Instant-Couscous einrühren, vom Herd nehmen und 7 Min. zugedeckt quellen lassen. In einem Pfännchen 50 g Mandelstifte in 1 EL Butter goldbraun rösten. Den Couscous mit einer Gabel auflockern, die Mandeln unterziehen und mit Salz abschmecken.

Scharfer Erdnussreis

Für 4 Personen 150 g Reis nach Packungsanweisung kochen, abkühlen lassen (oder 350 g gekochten Reis vom Vortag nehmen).
1 gelbe Paprikaschote putzen, waschen und in feine Streifen schneiden.
1 Zucchino waschen, halbieren und in Scheiben schneiden. 1 rote Chilischote putzen, 2 Knoblauchzehen schälen, beides fein hacken. 2 EL Öl im Wok erhitzen, Chili und Knoblauch darin 1 Min. anbraten. Paprika und Zucchino dazugeben und 2 Min. bei starker Hitze mitbraten. Reis unterrühren, 2 Min. braten. 50 g gesalzene, geröstete Erdnüsse im Mörser grob zerstoßen und untermischen.

Schwein – supersaftig

Saftiges Schweinefleisch isst fast jeder gern. Und mit dem 80°-Trick gelingen zarte Medaillons genauso leicht wie raffinierte Braten – Aroma pur! Mit würzigen Kräutern, fein-fruchtigen Saucen und knackfrischem Gemüse werden daraus gästefeine Delikatessen. Lassen Sie sich deftige Schweineschulter mit Biersauce schmecken. Oder probieren Sie mal Schwein ganz fein mit Kräuterkruste.

Blitzrezepte

Filet mit Chicorée

FÜR 2 PERSONEN

➤ **300 g Schweinefilet | Salz | Pfeffer
3 EL Olivenöl | 2 Stauden Chicorée
2 EL Pinienkerne | 2 EL Balsamico-Essig
1 EL Honig**

1 | Backofen mit ofenfester Form auf 80° vorheizen. Das Filet in 6 Scheiben schneiden, salzen und pfeffern. 2 EL Öl in einer Pfanne erhitzen, Fleisch pro Seite 2 Min. anbraten. In die Form setzen und 40 Min. im Ofen garen. Pfanne beiseite stellen.

2 | 10 Min. vor Ende der Garzeit Chicorée putzen und längs halbieren. Restliches Öl zum Bratensatz in die Pfanne geben und erhitzen. Chicorée darin 2–3 Min. braten. Pinienkerne, Balsamico und Honig weitere 2 Min. mitbraten, alles salzen und pfeffern.

Filet »Granada«

FÜR 4 PERSONEN

➤ **600 g Schweinefilet | Salz | Cayennepfeffer | 2 EL Olivenöl | 1 Granatapfel
2 EL spanischer Brandy (nach Belieben)
1/4 l frisch gepresster Orangensaft**

1 | Backofen mit ofenfester Form auf 80° vorheizen. Filet in 12 Scheiben schneiden, mit Salz und Cayennepfeffer würzen. Im heißen Öl pro Seite 2 Min. anbraten. In die Form geben und 40 Min. im Ofen garen.

2 | Granatapfel halbieren, 2 EL Kerne auslösen, Hälften auspressen. Bratensatz in der Pfanne erhitzen, Brandy, Granatapfel- und Orangensaft angießen, 4–5 Min. einkochen lassen. Granatapfelkerne untermischen. Mit Salz und Cayennepfeffer abschmecken, mit dem Fleisch servieren.

für Gäste

Schweinefilet mit Sahnezucchini

FÜR 4 PERSONEN

- 2 Schweinefilets (aus der Mitte, je 300 g)
  Salz | Pfeffer
  2 EL Öl | 200 g Sahne
  1 Knoblauchzehe
  Muskatnuss, frisch gerieben
  500 g kleine Zucchini
  1 EL Butterschmalz
  1 Bund Basilikum
  2 EL Parmesan, frisch gerieben

Zubereitung: 35 Min.
Garzeit: 1 Std. 30 Min.
- Pro Portion ca.: 410 kcal

1 | Backofen mit einer ofenfesten Form auf 80° vorheizen. Filets salzen und pfeffern. Öl in einer großen Pfanne erhitzen, Filets darin rundherum (auch an den Enden) in 6–7 Min. goldbraun anbraten. In die Form setzen und 1 Std. 30 Min. im Ofen garen.

2 | Inzwischen die Sahne auf die Hälfte einkochen. Knoblauch schälen, dazupressen. Sahne mit Salz, Pfeffer und 1 Prise Muskat würzen und beiseite stellen.

3 | 20 Min. vor Ende der Garzeit Zucchini waschen und in Scheiben schneiden. Im Butterschmalz unter Wenden bei mittlerer Hitze in ca. 5 Min. goldbraun braten und salzen. Reduzierte Sahne unterrühren, 3 Min. köcheln lassen. Basilikumblätter grob zerzupfen und mit dem Parmesan untermischen. Filets in Scheiben schneiden und mit den Sahnezucchini auf vorgewärmten Tellern anrichten.

- Beilage: Pellkartoffeln

mit feiner Schärfe

Pfeffermedaillons mit Spargel

FÜR 4 PERSONEN

- 3 EL rosa Pfeffer
  4 Scheiben Schweinelende (à 150 g) | Salz
  2 EL Öl | 1,2 kg Spargel
  1 TL Zucker | 4 EL Butter
  2 EL Schnittlauchröllchen

Zubereitung: 30 Min.
Garzeit: 1 Std. 15 Min.
- Pro Portion ca.: 310 kcal

1 | Backofen mit einer ofenfesten Form auf 80° vorheizen. Pfeffer im Mörser grob zerstoßen. Medaillons salzen und im Pfeffer wälzen. Das Öl in einer großen Pfanne erhitzen. Fleisch darin pro Seite 2 Min. anbraten, in die Form setzen und 1 Std. 15 Min. im Ofen garen.

2 | 25 Min. vor Ende der Garzeit den Spargel schälen, holzige Enden entfernen. Inzwischen in einem großen Topf Wasser mit je 1 TL Salz und Zucker und 1 EL Butter aufkochen. Spargel ins kochende Wasser geben, bei schwacher Hitze in 12–15 Min. gar ziehen lassen.

3 | Restliche Butter in einem Pfännchen schmelzen, den Schnittlauch untermischen. Die Pfeffermedaillons auf vorgewärmte Teller verteilen. Spargel herausheben, kurz abtropfen lassen, dazulegen und mit der Schnittlauchbutter garnieren.

- Beilage: Fingernudeln (Seite 10)

im Bild vorne: **Schweinefilet mit Sahnezucchini** *im Bild hinten:* **Pfeffermedaillons mit Spargel** ➤

bayerische Spezialität

Spanferkel mit Spitzkohl

FÜR 4 PERSONEN

- **800 g Spanferkelbraten (Schulter oder Keule, ohne Schwarte und Knochen)**
- **Salz | Pfeffer | 4 EL Öl**
- **500 g Spitzkohl**
- **1 Zwiebel**
- **50 g Räucherspeck (ohne Schwarte)**
- **1/2 TL Kümmel | Zucker**
- **200 ml Gemüsebrühe**

Zubereitung: 40 Min.
Garzeit: 2 Std. 30 Min.
Pro Portion ca.: 390 kcal

1 | Backofen mit ofenfester Form auf 80° vorheizen. Fleisch salzen, pfeffern und in 2 EL Öl rundherum in 5–6 Min. goldbraun anbraten. In die Form setzen und 2 Std. 30 Min. im Ofen garen.

2 | 30 Min. vor Ende der Garzeit Spitzkohl vom Strunk befreien, in 4–5 cm große Rauten schneiden. Zwiebel schälen, fein hacken. Speck würfeln. Speck und Zwiebeln im restlichen Öl glasig anbraten. Kohl, Kümmel und je 1 Prise Salz und Zucker dazugeben, 1 Min. anbraten. Brühe zufügen, zugedeckt bei schwacher Hitze 15 Min. garen.

3 | Kohl mit Salz und Pfeffer abschmecken. Spanferkel in Scheiben schneiden, mit dem Kohl auf vorgewärmten Tellern anrichten, mit dem Bratensaft beträufeln.

➤ Beilage: Kartoffelpüree

deftig-kräftig

Schweineschulter mit Biersauce

FÜR 6 PERSONEN

- **3 EL Schweineschmalz**
- **1,2 kg Schweineschulter (ohne Haut und Knochen)**
- **Salz | Pfeffer**
- **1 Bund Suppengrün**
- **1 EL Tomatenmark**
- **1/2 l helles Bier**
- **1 Bund gemischte Kräuter (z. B. Thymian, Majoran)**
- **1 Lorbeerblatt**
- **1 EL dunkler Saucenbinder**

Zubereitung: 45 Min.
Garzeit: 4 Std. 30 Min.
Pro Portion ca.: 620 kcal

1 | Backofen mit ofenfester Form auf 80° vorheizen. 2 EL Schmalz in einem Bräter erhitzen. Fleisch salzen und pfeffern und darin rundherum in 8–10 Min. goldbraun anbraten. In die Form setzen und 4 Std. 30 Min. im Ofen garen. Bräter beiseite stellen.

2 | 30 Min. vor Ende der Garzeit Suppengrün waschen, putzen und fein würfeln. Restliches Schmalz mit dem Bratensatz im Bräter erhitzen. Suppengrün darin 1 Min. unter Rühren anrösten. Tomatenmark 1 Min. mitbraten. Mit dem Bier ablöschen. Kräuterbund waschen, mit dem Lorbeerblatt dazugeben und alles 15 Min. bei mittlerer Hitze köcheln lassen.

3 | Braten aus dem Ofen nehmen, Bratensaft aus der Form unter die Sauce mischen. Kräuterbund entfernen. Saucenbinder einrühren. Sauce noch 1 Min. köcheln lassen, mit Salz und Pfeffer abschmecken. Braten in Scheiben schneiden und mit der Sauce servieren.

➤ Beilage: Kartoffelknödel (Seite 10)

im Bild vorne: **Spanferkel mit Spitzkohl** *im Bild hinten:* **Schweineschulter mit Biersauce** ➤

fruchtig scharf

Orangen-Senf-Braten

FÜR 8 PERSONEN

- 1,5 kg Schweinebraten (z. B. aus der Oberschale)
  Salz | Orangenpfeffer (ersatzweise schwarzer Pfeffer)
  5 EL mittelscharfer Senf
  3 EL Öl
  2 EL Orangenmarmelade
  3 EL brauner Zucker
  200 ml Orangensaft
  200 g Sahne
  1 EL Butter
  1 EL Mehl

Zubereitung: 30 Min.
Garzeit: 4 Std.
- Pro Portion ca.: 355 kcal

1 | Backofen auf 80° vorheizen. Fleisch von Fett und Häutchen befreien und mit Salz, Orangenpfeffer und 1 EL Senf einreiben. Öl in einem flachen Bräter erhitzen, Braten darin rundherum in 8–10 Min. goldbraun anbraten.

2 | Orangenmarmelade mit 2 EL Senf und 2 EL braunem Zucker verrühren. Fleisch mit der Hälfte der Mischung bestreichen, im Bräter in den Ofen (unten) geben und offen 2 Std. garen. Braten wenden, mit restlicher Senfmischung bestreichen und weitere 2 Std. garen.

3 | Braten auf eine Platte geben und bei 70° im Ofen warm halten. Bräter mit dem Bratensaft auf dem Herd erhitzen. Restlichen Senf und Zucker unterrühren. Orangensaft und Sahne angießen und bei starker Hitze 5 Min. einkochen lassen. Butter und Mehl mit einer Gabel verkneten. In Flöckchen mit dem Schneebesen in die kochende Sauce einrühren, bis diese leicht bindet (Sie brauchen eventuell nur einen Teil der Mehlbutter!). Sauce mit Salz und Pfeffer abschmecken.

4 | Braten herausnehmen, in Scheiben schneiden und auf der warmen Platte anrichten. Sauce dazu reichen.

- Beilagen: Scharfer Erdnussreis (Seite 11) und Gurkensalat

TIPPS

Einmal kochen – zweimal genießen

- Sie können den XXL-Braten auch zubereiten, wenn Sie ihn warm nur für 4 Personen brauchen. Einfach den Rest in Alufolie wickeln und im Kühlschrank aufbewahren. Kalten Braten zum Servieren in dünne Scheiben aufschneiden.
- Super dazu – ein vitaminreicher **Sprossensalat:** Für 4 Personen 1 Kopf Endiviensalat putzen und in feine Streifen schneiden. 2 Möhren schälen, in feine Stifte hobeln und untermischen. Beides auf einer großen Platte verteilen. 150 g Sprossen in einem Sieb kalt überbrausen, abtropfen lassen und darauf verteilen. 1 reife Papaya schälen, halbieren, Kerne entfernen. Fruchtfleisch in Spalten schneiden und auf den Sprossen verteilen. Für das Dressing 1 fein gehackte rote Chilischote mit dem Saft von 2 Limetten, 1/2 TL Salz, 1 TL Zucker und 4 EL Olivenöl verrühren. Dressing über den Salat träufeln. Bratenscheiben darauf anrichten. Nach Belieben grob gehackte, geröstete Cashewkerne darüber streuen.

im Bild vorne: **Orangen-Senf-Braten** *im Bild hinten:* **Braten mit Sprossensalat (Tipp)**

Spezialität aus der Toskana

Kräuterbraten

FÜR 6 PERSONEN

- **je 1 Bund Rosmarin, Thymian und Salbei**
  5 EL Olivenöl
  8 Knoblauchzehen
  1,2 kg Schweineschulter (ohne Schwarte)
  Salz | Pfeffer

Zubereitung: 25 Min.
Marinierzeit: 12 Std.
Garzeit: 4 Std.
- Pro Portion ca.: 610 kcal

1 | Kräuter waschen und trockenschütteln. Von je 2 Zweigen Nadeln oder Blätter abzupfen, hacken und mit 3 EL Öl mischen. Knoblauch schälen. 6 Zehen halbieren, Rest zum Kräuteröl pressen.

2 | Fleisch mit einem spitzen Messer rundherum einstechen, mit den Knoblauchhälften spicken. Mit dem Kräuteröl einreiben und in einen Gefrierbeutel geben. Im Kühlschrank 11 Std. marinieren. 1 Std. vor dem Braten aus dem Kühlschrank nehmen, damit es Zimmertemperatur annimmt. Das Fleisch mit Küchenpapier abtupfen, kräftig salzen und pfeffern.

3 | Backofen mit ofenfester Form auf 80° vorheizen. Restliches Öl in einer Pfanne erhitzen, Fleisch darin rundherum 6–8 Min. anbraten. Die restlichen Kräuterzweige in die Form legen, Braten darauf setzen und 2 Std. im Ofen garen. Dann wenden und weitere 2 Std. garen.

- Beilage: Röstkartoffeln

mediterran-leichte Sommerküche

Lende mit Kräuterkruste

FÜR 4 PERSONEN

- **800 g Schweinelende**
  Salz | Pfeffer | 2 EL Öl
  2 Bund gemischte Kräuter (z. B. Bärlauch, Petersilie, Thymian und Rosmarin)
  1 Knoblauchzehe
  3 EL Pinienkerne
  1 frisches Eiweiß
  3 EL Semmelbrösel

Zubereitung: 30 Min.
Garzeit: 2 Std.
- Pro Portion ca.: 300 kcal

1 | Backofen mit ofenfester Form auf 80° vorheizen. Fleisch salzen, pfeffern und im Öl in einer Pfanne rundherum (auch an den Enden) 6–7 Min. anbraten. In die Form setzen und 2 Std. im Ofen garen.

2 | 10 Min. vor Ende der Garzeit Kräuter waschen und trockenschütteln, Blätter und Nadeln abzupfen. Knoblauch schälen und mit Kräutern und Pinienkernen im Mixer mittelfein zerkleinern. Eiweiß leicht verschlagen. Kräutermischung und Semmelbrösel unterrühren. Alles mit Salz und Pfeffer würzen.

3 | Braten herausnehmen, Ofentemperatur auf 220° erhöhen, Grill dazuschalten. Kräuterpaste auf dem Braten verteilen und fest andrücken. Kruste im Ofen in 5–6 Min. goldbraun grillen.

- Beilage: Rosmarin-Rösti (Seite 36)

TIPP Wer Schweinefleisch gern durchgebraten mag, gibt bei der Garzeit noch 30 Min. dazu.

im Bild vorne: **Kräuterbraten** *im Bild hinten:* **Lende mit Kräuterkruste**

Spezialität aus Spanien

Gefüllte Lende mit Aprikosen

FÜR 4–6 PERSONEN

➤ **50 g Mandelstifte**
2 Knoblauchzehen
100 g getrocknete Aprikosen
1 kg Schweinelende
Salz | 2 EL Öl
2 Bund Frühlingszwiebeln
500 g Aprikosen
150 ml Kalbsfond (Glas)
Küchengarn

Zubereitung: 45 Min.
Garzeit: 2 Std. 30 Min.
➤ Bei 6 Personen pro Portion ca.: 335 kcal

1 | Mandeln rösten. Knoblauch schälen, hacken. Beides grob zerstoßen. Getrocknete Aprikosen würfeln.

2 | Backofen mit ofenfester Form auf 80° vorheizen. Das Fleisch zum Füllen spiralförmig einschneiden, von beiden Seiten salzen und zum Füllen auslegen. Mandelmischung und Aprikosenwürfelchen darauf verteilen, dabei einen Rand frei lassen. Fleisch aufrollen und mit Küchengarn zu einer Rolle binden.

3 | Öl in einer Pfanne erhitzen. Fleisch darin rundherum bei starker Hitze in 6–7 Min. goldbraun anbraten. Fleisch in die Form setzen und 2 Std. 30 Min. im Ofen garen. Pfanne beiseite stellen.

4 | 25 Min. vor Ende der Garzeit die Frühlingszwiebeln waschen, putzen, das Grün kürzen. Zwiebeln ganz lassen. Aprikosen waschen, entsteinen, in Spalten schneiden.

5 | Pfanne mit dem Bratensatz erhitzen. Frühlingszwiebeln darin bei mittlerer Hitze 3 Min. unter Wenden braten, Aprikosen 2 Min. mitbraten. Den Fond angießen und 2–3 Min. köcheln lassen.

6 | Die Lende herausnehmen, in Scheiben schneiden. Saft aus der Form unter die Sauce mischen. Den Braten mit der Sauce auf vorgewärmten Tellern servieren.

➤ Beilage: Safranreis (Seite 11)

1 **Fleisch schneiden**
Die Schweinelende längs spiralförmig einschneiden.

2 **Füllen**
Füllung auf dem Fleisch verteilen, dabei einen Rand frei lassen.

3 **Braten binden**
Fleisch aufrollen und mit Küchengarn binden *(s. auch Seite 45).*

Kalb und Rind – für wahre Genießer

Geben Sie sich nur mit dem Besten zufrieden! Gutes Kalb- oder Rindfleisch ist ein nicht ganz billiger Gaumenschmaus. Umso wichtiger, das Optimale daraus zu machen! Auch da überzeugt die Niedrigtemperaturmethode auf der ganzen Linie: Selten werden Sie Klassiker wie Kalbsbraten oder Roastbeef so zart und saftig gegessen haben. Und auch exotische Fleischspezialitäten – ob mit chilischarfer Schokoladensauce oder Ingwer gewürzt – werden Sie ins Schwärmen bringen.

Blitzrezepte

Kalbfleisch mit Pfifferlingen

FÜR 4 PERSONEN

➤ 4 ausgelöste Kalbskoteletts (à 150 g) | Salz | Pfeffer | 4 EL Öl | 500 g Pfifferlinge | 1 Zwiebel | 50 g Räucherspeck | 2 EL gehackte Petersilie

1 | Backofen mit ofenfester Form auf 80° vorheizen. Fleisch salzen, pfeffern und in einer Pfanne in 2 EL Öl pro Seite 2 Min. anbraten. In die Form geben und 30 Min. im Ofen garen. Pfanne beiseite stellen.

2 | Inzwischen Pilze putzen. Zwiebel schälen, mit dem Speck fein würfeln. Beides im restlichen Öl in der Pfanne 1 Min. anbraten. Pfifferlinge dazugeben, 5–7 Min. bei starker Hitze braten. Salzen, pfeffern und die Petersilie untermischen.

Rumpsteak mit Balsamico-Schalotten

FÜR 2 PERSONEN

➤ 1 EL Öl | 2 Rumpsteaks (à 180 g) | Salz | Pfeffer | 150 g kleine Schalotten | 1 EL Butter | 1 EL Zucker | 100 ml Kalbsfond (Glas) | 3 EL Balsamico-Essig

1 | Backofen auf 80° vorheizen. Eine Grillpfanne erhitzen, Stege mit dem Öl einpinseln. Steaks salzen und pfeffern, darin bei starker Hitze pro Seite 2 Min. anbraten. In der Pfanne im Ofen 30 Min. garen.

2 | Inzwischen Schalotten schälen. Butter in einer Pfanne erhitzen. Zucker, Schalotten und 1 Prise Salz dazugeben, 2 Min. karamellisieren lassen. Fond und Essig angießen und 10 Min. köcheln lassen. Balsamico-Schalotten zu den Steaks servieren.

gästefein

Kalbsfilet mit Fenchel

FÜR 4 PERSONEN

- **600 g Kalbsfilet**
- **Salz | Pfeffer**
- **2 EL Butterschmalz**
- **2 reife Strauchtomaten**
- **2 Knollen Fenchel (ca. 600 g)**
- **1/2 Bund Thymian**
- **100 ml Weißwein (ersatzweise Kalbsfond)**
- **100 ml Kalbsfond (Glas)**

Zubereitung: 35 Min.
Garzeit: 1 Std. 30 Min.
Pro Portion ca.: 260 kcal

1 | Backofen mit ofenfester Form auf 80° vorheizen. Filet salzen, pfeffern und in einer Pfanne in 1 EL Schmalz rundherum bei starker Hitze 5–6 Min. anbraten. Fleisch in die Form setzen und 1 Std. 30 Min. im Ofen garen. Pfanne beiseite stellen.

2 | Tomaten überbrühen, häuten und in Spalten schneiden. Fenchel waschen, putzen, halbieren und in Spalten schneiden. Thymian waschen, Blättchen abzupfen.

3 | 10 Min. vor Ende der Garzeit für die Sauce die Pfanne mit dem Bratensatz erhitzen. Wein und Fond angießen und in 3–4 Min. bei starker Hitze einkochen lassen. Gleichzeitig restliches Butterschmalz erhitzen. Fenchel darin 3 Min. unter Rühren anbraten. 4 EL Wasser dazugeben, Fenchel zugedeckt bei schwacher Hitze in 3 Min. dünsten. Tomaten und Thymian untermischen. Alles salzen, pfeffern und offen in 2 Min. fertig garen.

4 | Filet aufschneiden, mit dem Fenchel auf vorgewärmte Teller geben. Saft aus der Form unter die Sauce mischen und dazu reichen.

aus der Normandie

Medaillons mit Calvadosäpfeln

FÜR 4 PERSONEN

- **4 Kalbsmedaillons (à 140 g, aus dem Rücken)**
- **Salz | Pfeffer**
- **2 EL Butterschmalz**
- **2 säuerliche Äpfel**
- **1 TL Zucker**
- **100 ml Calvados**
- **200 g Sahne**

Zubereitung: 30 Min.
Garzeit: 1 Std.
Pro Portion ca.: 430 kcal

1 | Backofen mit ofenfester Form auf 80° vorheizen. Medaillons salzen, pfeffern und in einer Pfanne in 1 EL Butterschmalz pro Seite 2 Min. anbraten. Nebeneinander in die Form setzen und 1 Std. im Ofen garen. Pfanne beiseite stellen.

2 | 20 Min. vor Ende der Garzeit Äpfel waschen, vierteln und ohne Kerngehäuse in Spalten schneiden. Restliches Butterschmalz in einer zweiten Pfanne erhitzen. Äpfel und Zucker darin goldbraun karamellisieren lassen. Mit Calvados ablöschen, beiseite stellen.

3 | Pfanne mit dem Bratensatz erhitzen, die Sahne angießen und bei starker Hitze 3–4 Min. einkochen lassen. Medaillons auf vorgewärmte Teller verteilen. Saft aus der Form und Calvadosäpfel unter die Sahne mischen. Alles 1 Min. köcheln lassen, salzen, pfeffern und über die Medaillons verteilen.

im Bild vorne: **Medaillons mit Calvadosäpfeln** *im Bild hinten:* **Kalbsfilet mit Fenchel**

Sonntagsessen

Rouladen mit Safrangemüse

FÜR 4 PERSONEN

- **4 Kalbsschnitzel (à 140 g)**
- **Salz | Pfeffer**
- **4 TL Pesto (Glas)**
- **4 Scheiben Parmaschinken**
- **2 EL Butterschmalz**
- **1 kleiner Blumenkohl**
- **300 g fest kochende Kartoffeln**
- **1 Döschen gemahlener Safran (0,1 g)**
- **100 g TK-Erbsen**
- **Holzspießchen**

Zubereitung: 45 Min.
Garzeit: 1 Std. 15 Min.
Pro Portion ca.: 395 kcal

1 | Backofen mit ofenfester Form auf 80° vorheizen. Das Fleisch leicht salzen, pfeffern und mit Pesto bestreichen. Jeweils mit 1 Scheibe Schinken belegen, aufrollen und mit Spießchen feststecken.

2 | Rouladen in einer Schmorpfanne in 1 EL Butterschmalz rundherum in 4–5 Min. anbraten. In die Form geben und 1 Std. 15 Min. im Ofen garen. Pfanne beiseite stellen.

3 | 30 Min. vor Ende der Garzeit Blumenkohl waschen und in Röschen teilen. Kartoffeln schälen und in 2 cm große Würfel schneiden. Restliches Butterschmalz in der Pfanne mit dem Bratensatz erhitzen. Blumenkohl und Kartoffeln darin 2 Min. unter Rühren anbraten. Gemüse salzen, Safran und 4 EL Wasser dazugeben. Alles zugedeckt 10–12 Min. bei schwacher Hitze garen. Erbsen untermischen. Gemüse 5 Min. offen köcheln lassen, gelegentlich umrühren. Mit den Rouladen servieren.

fein im Herbst

Kalbshaxe mit Pilzen

FÜR 6 PERSONEN

- **1 küchenfertige Kalbshaxe (ca. 1,8 kg)**
- **Salz | Pfeffer**
- **3 EL Öl**
- **10 g getrocknete Steinpilze**
- **1 kg gemischte Waldpilze (ersatzweise Egerlinge)**
- **1 Zwiebel**
- **3 Knoblauchzehen**
- **1 TL getrockneter Thymian**
- **150 g Kräuter-Crème-fraîche**

Zubereitung: 1 Std.
Garzeit: 5 Std.
Pro Portion ca.: 420 kcal

1 | Backofen mit ofenfester Form auf 80° vorheizen. Fleisch salzen, pfeffern und in 2 EL Öl in einem Bräter rundherum 8–10 Min. anbraten. Fleisch in die Form setzen und 5 Std. im Ofen (unten) garen. Bräter beiseite stellen.

2 | 45 Min. vor Ende der Garzeit getrocknete Pilze in lauwarmem Wasser einweichen. Frische Pilze putzen und trocken abreiben, große halbieren. Zwiebel und Knoblauch schälen, fein hacken.

3 | Restliches Öl mit dem Bratensatz im Bräter erhitzen. Zwiebel und Knoblauch darin 1 Min. anbraten. Pilze und Thymian bei starker Hitze 5–6 Min. mitbraten. Eingeweichte Pilze ausdrücken, hacken, untermischen. Crème fraîche einrühren, alles 3 Min. köcheln lassen.

4 | Kalbshaxe herausnehmen, in Scheiben vom Knochen schneiden. Bratensaft unter die Pilze rühren. Auf vorgewärmten Tellern servieren.

im Bild vorne: **Kalbshaxe mit Pilzen** *im Bild hinten:* **Rouladen mit Safrangemüse**

Sonntags-Schmankerl

Kalbsbraten mit Semmelknödeln

FÜR 4–6 PERSONEN

➤ **Für den Braten:**

1 kg Kalbsbraten (z. B. Nuss oder Oberschale)
Salz | Pfeffer | 2 EL Öl
150 ml trockener Weißwein (ersatzweise Kalbsfond)
250 ml Kalbsfond (Glas)
200 g Sahne
2 EL heller Saucenbinder

➤ **Für die Knödel:**

8–10 altbackene Brötchen (400 g) | 1/4 l Milch
1 kleine Zwiebel
1/2 Bund Petersilie
20 g Butter
3 Eier | Salz

Zubereitung: 50 Min.
Garzeit: 3 Std.
➤ Bei 6 Personen pro Portion ca.: 575 kcal

1 | Backofen mit ofenfester Form auf 80° vorheizen. Fleisch salzen und pfeffern. Öl in einem Bräter erhitzen, Fleisch darin rundherum 7–8 Min. anbraten. In die Form setzen und 3 Std. im Ofen garen. Bräter beiseite stellen.

2 | 1 Std. vor Ende der Garzeit für die Knödel Brötchen in feine Scheiben schneiden und in eine Schüssel geben. Milch erhitzen und darüber gießen, 10 Min. ziehen lassen. Zwiebel schälen und fein hacken. Petersilie waschen, Blätter fein hacken. Zwiebel und Petersilie in der Butter in 1–2 Min. glasig anbraten. Mit den Eiern in die Schüssel geben, salzen und gut verkneten. 20 Min. zugedeckt ruhen lassen.

3 | In einem großen Topf Salzwasser aufkochen. Mit angefeuchteten Händen 8 Knödel formen, in das kochende Wasser einlegen. Bei schwacher Hitze in 20 Min. gar ziehen lassen.

4 | Währenddessen den Bratensatz im Bräter erhitzen, Wein angießen und 3 Min. bei starker Hitze einkochen lassen. Fond und Sahne dazugeben, 5 Min. sprudelnd kochen lassen. Braten herausnehmen, Bratensaft aus der Form unter die Sauce mischen. Saucenbinder einrühren. Sauce 1 Min. sämig einkochen lassen. Mit Salz und Pfeffer abschmecken.

5 | Braten in Scheiben schneiden. Knödel herausheben und abtropfen lassen. Beides auf vorgewärmte Teller verteilen und mit der Sauce überziehen.

TIPPS

Genuss »all'italiana«

➤ Bereiten Sie doch gleich einen größeren Sonntagsbraten zu. 1,5 kg Fleisch brauchen ca. 4 Std. Garzeit. Das restliche Fleisch abkühlen lassen.

➤ Am nächsten Tag restlichen Braten (400–500 g) dünn aufschneiden und als **Vitello tonnato** mit Tunfischsauce servieren. Eine herrliche Vorspeise aus der klassischen italienischen Küche! Für die Sauce 1 Dose Tunfisch in Öl abtropfen lassen. Mit 6 EL Salatmayonnaise, 100 ml Kalbsfond, 2–3 EL Zitronensaft und 2 EL Kapern fein pürieren, mit Salz und Pfeffer abschmecken. Sauce über das Fleisch träufeln, mit 1 EL Kapern bestreuen und alles mit Zitronenschnitzen garnieren.

im Bild vorne: **Vitello tonnato (Tipp)** *im Bild hinten:* **Kalbsbraten mit Semmelknödeln** ➤

für Gourmets

Medaillons mit Portweinfeigen

FÜR 4 PERSONEN

- **4 dicke Scheiben Rinderfilet (à 140 g)**
  Salz | Pfeffer
  2 EL Öl
  6 frische reife Feigen
  100 ml Portwein
  100 ml trockener Rotwein
  200 ml Kalbsfond (Glas)

Zubereitung: 25 Min.
Garzeit: 45 Min.
- Pro Portion ca.: 295 kcal

1 | Backofen mit ofenfester Form auf 80° vorheizen. Filets salzen, pfeffern und im Öl in einer Pfanne pro Seite 2 Min. anbraten. In die Form geben, 45 Min. im Ofen garen. Pfanne beiseite stellen.

2 | 15 Min. vor Ende der Garzeit Feigen schälen und in Spalten schneiden. 4 Feigen mit Portwein und Rotwein aufkochen und 5 Min. köcheln lassen. Gleichzeitig Bratensatz in der Pfanne erhitzen, Fond dazugeben, 5 Min. bei starker Hitze einkochen lassen. Portweinfeigen samt Flüssigkeit durch ein feines Sieb zum Fond streichen.

3 | Filets aus dem Ofen nehmen, Bratensaft unter die Sauce rühren. Restliche Feigen 1 Min. in der Sauce erwärmen. Das Fleisch auf vorgewärmte Teller geben, mit der Feigensauce überziehen.

- Beilage: Gemüsenudeln (Seite 11)

mit Chili-Kick

Filet mit Schokosauce

FÜR 4 PERSONEN

- **600 g Rinderfilet (aus der Mitte)**
  Salz | Pfeffer
  3 EL Öl
  1 Zwiebel
  1–2 rote Chilischoten
  1 Lorbeerblatt
  3 Gewürznelken
  100 ml trockener Rotwein
  200 ml Rinderfond (Glas)
  80 g Bitterschokolade
  1/2 TL Speisestärke

Zubereitung: 40 Min.
Garzeit: 1 Std. 30 Min.
- Pro Portion ca.: 360 kcal

1 | Backofen mit ofenfester Form auf 80° vorheizen. Filet salzen, pfeffern und in 2 EL Öl in einer Pfanne 6–7 Min. rundherum anbraten. Fleisch in die Form geben und 1 Std. 30 Min. im Ofen garen. Pfanne beiseite stellen.

2 | 30 Min. vor Ende der Garzeit Zwiebel schälen und hacken. Chilischoten waschen, entkernen und grob hacken. Bratensatz in der Pfanne mit restlichem Öl erhitzen. Zwiebel, Chilis, Lorbeer und Nelken darin 1 Min. anbraten. Alles mit Wein ablöschen und 2 Min. bei starker Hitze einkochen lassen. Fond angießen und alles 10 Min. schwach köcheln lassen.

3 | Sauce durch ein feines Sieb gießen, Saft aus der Form dazugeben, erhitzen. Schokolade dazubröckeln, unter Rühren schmelzen lassen. Stärke mit 2 EL kaltem Wasser anrühren, in die Sauce einrühren und 2 Min. einkochen lassen. Filet in Scheiben schneiden, mit der Sauce servieren.

- Beilage: Kartoffelplätzchen (Seite 10)

◄ *im Bild vorne:* **Filet mit Schokosauce** *im Bild hinten:* **Medaillons mit Portweinfeigen**

gästefein

Rotweinbraten

FÜR 4–6 PERSONEN

- **750 ml kräftiger Rotwein**
- **je 3 Lorbeerblätter, Gewürznelken und Sternanis**
- **1 TL schwarze Pfefferkörner**
- **1 kg Rinderbraten (Schulter, Hüfte)**
- **Salz | Pfeffer**
- **2 EL Öl | 3 große Möhren**
- **2 Stangen Lauch**
- **3 Petersilienwurzeln**
- **2 EL Butterschmalz**

◷ Zubereitung: 50 Min.
◷ Marinierzeit: 24 Std.
◷ Garzeit: 3 Std. 30 Min.
➤ Bei 6 Personen pro Portion ca.: 430 kcal

1 | Rotwein und Gewürze in einem Topf aufkochen und lauwarm abkühlen lassen. Braten in eine enge Schüssel legen, mit dem Wein übergießen und zugedeckt für 23 Std. in den Kühlschrank stellen. 1 Std. vor dem Anbraten herausnehmen.

2 | Backofen mit ofenfester Form auf 80° vorheizen. Fleisch aus dem Wein heben, trockentupfen, salzen und pfeffern. In einem Bräter im Öl rundherum 7–8 Min. anbraten. In die Form setzen und 3 Std. 30 Min. im Ofen garen. Wein durch ein Sieb zum Bratensatz gießen, bei starker Hitze auf ein Viertel einkochen.

3 | 30 Min. vor Ende der Garzeit das Gemüse waschen, ggf. schälen, putzen und in feine Stifte (Julienne) schneiden. Gemüse im heißen Butterschmalz 2 Min. anbraten. Reduzierten Wein und Bratensaft aus der Form dazugeben, 3 Min. köcheln lassen, salzen und pfeffern. Braten in Scheiben schneiden, mit der Sauce servieren.

mit exotischen Aromen

Asia-Braten

FÜR 4–6 PERSONEN

- **100 ml helle Sojasauce**
- **2 Knoblauchzehen**
- **50 g frischer Ingwer**
- **1 EL Sesamöl | 2 EL Honig**
- **1 TL Cayennepfeffer**
- **2 unbehandelte Limetten**
- **1 kg Rinderbraten (Schulter, Hüfte)**
- **Salz | Pfeffer | 2 EL Öl**
- **großer Gefrierbeutel**

◷ Zubereitung: 35 Min.
◷ Marinierzeit: 24 Std.
◷ Garzeit: 3 Std.
➤ Bei 6 Personen pro Portion ca.: 320 kcal

1 | Sojasauce in eine Schüssel geben. Knoblauch schälen und dazupressen. Ingwer schälen und dazureiben. Sesamöl, Honig und Cayennepfeffer unterrühren. Limetten waschen und in Scheiben schneiden. Fleisch, Marinade und Limettenscheiben in den Gefrierbeutel füllen. 23 Std. in den Kühlschrank stellen. 1 Std. vor dem Anbraten herausnehmen.

2 | Backofen auf 80° vorheizen. Fleisch aus der Marinade nehmen, trockentupfen, salzen und pfeffern. Marinade beiseite stellen. Fleisch in einem flachen Bräter im Öl rundherum 7–8 Min. anbraten, im Bräter in den Ofen stellen und 3 Std. garen.

3 | Braten herausnehmen, in Scheiben schneiden, bei 70° im Ofen warm halten. Bratensatz erhitzen. Marinade durch ein Sieb dazugießen, 2 Min. durchkochen, abschmecken und dazu servieren.

im Bild vorne: **Asia-Braten** *im Bild hinten:* **Rotweinbraten** ➤

Klassiker auf neue Art

Roastbeef mit Rosmarin-Rösti

FÜR 8 PERSONEN

➤ **Für das Roastbeef:**
1,2 kg Roastbeef
Salz | Pfeffer
1 EL mittelscharfer Senf
2 EL Öl

➤ **Für die Rösti:**
1 kg vorwiegend fest kochende Kartoffeln
3 Zweige Rosmarin
Salz | Pfeffer
Muskatnuss, frisch gerieben
3–4 EL Butterschmalz

Zubereitung: 50 Min.
Garzeit: 3 Std.
➤ Pro Portion ca.: 350 kcal

1 | Backofen mit ofenfester Form auf 80° vorheizen. Fleisch von Sehnen und Häutchen befreien, kräftig salzen und pfeffern und mit dem Senf einreiben. Roastbeef im heißen Öl rundherum (auch an den Enden) 10 Min. anbraten. In die Form setzen und nach Wunsch 2 Std. 30 Min. (blutig) oder 3 Std. (rosa) im Ofen garen.

2 | Für die Rösti Kartoffeln waschen und mit Wasser bedeckt in 20 Min. knapp gar kochen. Abgießen und auskühlen lassen.

3 | 30 Min. vor Ende der Fleisch-Garzeit Kartoffeln pellen und grob raspeln. Rosmarin waschen, Nadeln abzupfen, fein hacken und untermischen. Alles mit Salz, Pfeffer und Muskat würzen.

4 | Jeweils 1 EL Schmalz in einer großen Pfanne erhitzen. Pro Rösti je 1 gehäuften EL Kartoffelmischung hineingeben, flach drücken. Rösti in 3–4 Portionen jeweils bei mittlerer Hitze pro Seite 3 Min. goldbraun braten. Auf eine Platte geben und im Backofen warm halten, bis alle Rösti gebraten sind.

5 | Roastbeef in 1/2 cm dicke Scheiben schneiden und zusammen mit den Rosmarin-Rösti servieren.

➤ Beilage: Blattsalate

TIPPS

Roastbeef cool serviert

➤ Roastbeef schmeckt auch kalt ganz ausgezeichnet. Reststück fest in Alufolie wickeln und in den Kühlschrank geben. Zum Servieren in dünne Scheiben schneiden.

➤ Schneller Begleiter: Remouladensauce aus dem Glas.

➤ Wenn mehr Zeit ist, Roastbeef mit **Paprika-Nuss-Sauce** servieren. Ein feuriges Geschmackserlebnis! Dazu 2 rote Paprikaschoten halbieren, putzen, waschen und auf einem Blech unter dem Backofengrill 8–10 Min. grillen, bis die Haut schwarze Blasen bekommt. Inzwischen 1 Scheibe altbackenes Weißbrot (50 g) und 2 geschälte Knoblauchzehen in 2 EL Olivenöl goldbraun braten. Paprika häuten und fein würfeln. Je 20 Haselnusskerne und Walnusshälften, Brot, Knoblauch und 1 EL edelsüßes Paprikapulver im Mörser zerstoßen. Paprikawürfelchen untermischen. Sauce mit Salz und 1–2 EL Zitronensaft abschmecken.

im Bild vorne: **Roastbeef mit Paprika-Nuss-Sauce (Tipp)** *im Bild hinten:* **Roastbeef mit Rosmarin-Rösti** ➤

Lamm und Reh – aus der Gourmetküche

Bühne frei für aromatischen Genuss: Lammgerichte haben speziell in der orientalischen und der Mittelmeerküche ihren großen Auftritt. Schonend bei 80° gegart, schmecken Klassiker wie Lammrückenfilet oder Lammkarree mit provenzalischer Kruste ebenso umwerfend wie mit Datteln und Walnüssen gefüllte Lammkeule. Lieben Sie Wild? Auch das würzige und dabei erfreulich fett- und kalorienarme Rehfleisch gart bei 80° besonders zart. Servieren Sie es mal mit Morcheln, mal mit fruchtiger Sauce.

Blitzrezepte

Lammrücken mit Kirschtomaten

FÜR 4 PERSONEN

➤ 6 getrocknete Tomaten + 2 EL Einlegeöl | 2 Lammrückenfilets (à 250 g) | Salz | Pfeffer | 2 EL Thymianblättchen | 2 EL Pinienkerne | 150 g Kirschtomaten

1 | Backofen mit ofenfester Form auf 80° vorheizen. Getrocknete Tomaten würfeln. Filets salzen und pfeffern. Im Tomatenöl in einer Pfanne rundherum 4–5 Min. anbraten. Thymian hacken. Filets darin wälzen, in der Form 25 Min. im Ofen garen.

2 | Bratensatz erhitzen, getrocknete Tomaten und Pinienkerne darin 2 Min. anbraten. Kirschtomaten waschen, vierteln und 2 Min. mitbraten, salzen. Filets in Scheiben schneiden, mit den Tomaten servieren.

Reh mit Morcheln

FÜR 4 PERSONEN

➤ 8 Rehmedaillons (à 70 g) | Pfeffer | Salz | 3 EL Öl | 15 g getr. Morcheln | 2 Schalotten | 200 ml Wildfond (Glas) | 2 EL Johannisbeergelee | 200 g Sahne

1 | Backofen mit Form auf 80° vorheizen. Medaillons pfeffern und salzen. In einer Pfanne im Öl von jeder Seite 2 Min. braten. In der Form 30 Min. im Ofen garen.

2 | Inzwischen Morcheln in kaltem Wasser einweichen. Schalotten schälen, fein hacken und im Bratensatz anbraten. Fond und Gelee unterrühren, 7–8 Min. einkochen. Morcheln abtropfen lassen und mit der Sahne dazugeben. Alles 5 Min. einkochen lassen, salzen und pfeffern. Über die Medaillons gießen, in der Form servieren.

mediterraner Klassiker

Lammkeule mit Speckbohnen

FÜR 6 PERSONEN

- **5 Knoblauchzehen**
  1 Bund Rosmarin
  2 unbehandelte Zitronen
  1 Lammkeule (mit Knochen, 1,8 kg, beim Metzger vorbestellen)
  4 EL Olivenöl
  Salz | Pfeffer
  500 g Keniabohnen (ersatzweise grüne Bohnen)
  12 Scheiben Bacon (ca. 80 g)
  2 EL Butterschmalz
  150 ml Weißwein (ersatzweise Wasser)

Zubereitung: 1 Std. 25 Min.
Marinierzeit: 24 Std.
Garzeit: 6 Std.
- Pro Portion ca.: 830 kcal

1 | Den Knoblauch schälen und in Scheiben schneiden. Den Rosmarin waschen, die Nadeln abstreifen. Zitronen waschen und in Scheiben schneiden.

2 | Die Lammkeule mit 2 EL Öl einreiben und rundherum mit Rosmarin, Knoblauch und Zitronenscheiben belegen. In einen Gefrierbeutel geben und 23 Std. im Kühlschrank marinieren. Fleisch 1 Std. vor dem Braten aus dem Kühlschrank nehmen, damit es Zimmertemperatur annimmt.

3 | Backofen auf 80° vorheizen. Keule aus dem Beutel nehmen, Zitronenscheiben, Knoblauch und Rosmarin entfernen. Fleisch mit Küchenpapier abtupfen, kräftig salzen, pfeffern und im restlichen Öl in einem flachen Bräter rundherum 8–10 Min. anbraten. Im Bräter in den Ofen (unteres Drittel) geben und darin 6 Std. garen.

4 | 35 Min. vor Ende der Garzeit die Bohnen waschen und putzen, falls nötig, entfädeln. Salzwasser in einem Topf aufkochen. Die Bohnen darin in 5–6 Min. (grüne Bohnen in 6–8 Min.) bissfest kochen. Abgießen und in Eiswasser geben, damit sie ihre Farbe behalten.

5 | Bohnen in 12 Portionen teilen, jede Portion mit 1 Scheibe Bacon umwickeln. 1 EL Butterschmalz in einer Pfanne erhitzen. Bohnenbündel darin rundherum sanft braten, bis der Bacon Farbe annimmt, pfeffern. Bohnen zugedeckt bei schwacher Hitze warm halten, bis die Lammkeule fertig ist.

6 | Ofentemperatur auf 220° erhöhen, Grill dazuschalten. Restliches Butterschmalz mit 1 Prise Salz schmelzen, das Fleisch damit bestreichen. Wein in den Bräter gießen, Lammkeule im Ofen in 10–12 Min. goldbraun grillen, dabei einmal wenden.

7 | Lammkeule aus dem Ofen nehmen. Das Fleisch in Scheiben vom Knochen schneiden. Mit dem Bratensaft aus dem Bräter und den Bohnenbündeln auf vorgewärmten Tellern servieren.

- Weitere Beilagen: Kartoffelplätzchen (Seite 10) und Zwiebelmarmelade (Seite 9)

mediterran

Lammkarree

FÜR 4 PERSONEN

➤ **2 Lammkarrees (à 400 g; beim Metzger vorbestellen, Knochen freischaben lassen)**
Salz | Pfeffer
2 EL Olivenöl
3 Knoblauchzehen
1 Bund Petersilie
1 Scheibe Toastbrot
1 TL getrocknete Kräuter der Provence
10 schwarze Oliven
6 getrocknete Tomaten
1 Eiweiß

Zubereitung: 50 Min.
Garzeit: 1 Std.
➤ Pro Portion ca.: 665 kcal

1 | Backofen mit ofenfester Form auf 80° vorheizen. Fleisch salzen und pfeffern. Öl in einer Pfanne erhitzen. 2 Knoblauchzehen ungeschält zerdrücken, dazugeben. Die Lammkarrees darin rundherum 5–6 Min. anbraten. In die Form setzen, 1 Std. garen.

2 | Petersilie waschen, Blätter grob hacken. Restlichen Knoblauch schälen und mit Petersilie, Toast und getrockneten Kräutern im Mixer zerkleinern. Oliven entsteinen, mit den Tomaten würfeln. Eiweiß in einer Schüssel verschlagen. Alles zu einer Paste verrühren, salzen und pfeffern.

3 | Lammkarrees aus dem Ofen nehmen. Ofentemperatur auf 220° erhöhen, Grill dazuschalten. Fleisch mit der Würzpaste bestreichen und im Ofen in 6–8 Min. goldbraun grillen. Die Lammkarrees aus dem Ofen nehmen, portionieren und auf vorgewärmten Tellern servieren.

➤ Beilage: Fenchelgemüse (Seite 26)

mit Majoran-Kartoffeln

Lammhaxln

FÜR 4 PERSONEN

➤ **4 Lammhaxln (à 250 g, beim Metzger vorbestellen) | Salz | Pfeffer**
5 EL Olivenöl
600 g kleine fest kochende Kartoffeln
1 Bund frischer Majoran
150 ml trockener Sherry (ersatzweise Lammfond)
250 ml Lammfond (Glas)

Zubereitung: 45 Min.
Garzeit: 2 Std. 30 Min.
➤ Pro Portion ca.: 740 kcal

1 | Backofen auf 80° vorheizen. Die Lammhaxln von Häutchen und Sehnen befreien, salzen, pfeffern und in 3 EL Öl rundherum bei starker Hitze 7–8 Min. anbraten. Im Bräter in den Ofen geben und darin 2 Std. 30 Min. garen.

2 | Inzwischen Kartoffeln waschen und mit Wasser bedeckt in 20 Min. knapp gar kochen. Abgießen, abkühlen lassen und pellen.

3 | 10 Min. vor Ende der Garzeit Majoran waschen, Blättchen grob hacken. Kartoffeln im restlichen Öl in einer Pfanne unter Rütteln 5 Min. braten.

4 | Lammhaxln auf eine Platte geben, bei 70° im Ofen warm halten. Bratensaft im Bräter erhitzen, Sherry und Fond angießen, bei starker Hitze auf die Hälfte einkochen. Kartoffeln und Majoran dazugeben, mit Salz und Pfeffer abschmecken und zu den Lammhaxln servieren.

im Bild vorne: Lammkarree *im Bild hinten:* Lammhaxln ➤

Aromawunder

Lammkeule »oriental«

FÜR 6 PERSONEN

- je 1 EL Kreuzkümmel- und Anissamen
- 1 TL schwarze Pfefferkörner
- 3 Knoblauchzehen
- 5 EL Olivenöl
- 2 EL Zitronensaft
- 1 Lammkeule (ohne Knochen, ca. 1,5 kg; vom Metzger auslösen lassen)
- 100 g Walnusshälften
- 100 g getrocknete Datteln
- Küchengarn

Zubereitung: 45 Min.
Marinierzeit: 2 Std.
Garzeit: 5 Std. 30 Min.
➤ Pro Portion ca.: 820 kcal

1 | Gewürzsamen in einer Pfanne trocken rösten, bis sie duften. In den Mörser geben und mit den Pfefferkörnern fein zerstoßen. Knoblauch schälen und dazupressen. 3 EL Öl und den Zitronensaft unterrühren.

2 | Die Lammkeule von Haut, Fett und Sehnen befreien. Rundherum mit dem Würzöl einreiben, zugedeckt bei Zimmertemperatur mind. 2 Std. durchziehen lassen.

3 | Walnüsse grob hacken. Datteln entkernen und fein würfeln. Das Fleisch rundherum salzen und zum Füllen auslegen, Nüsse und Datteln darauf verteilen. Zusammenrollen und mit Küchengarn binden.

4 | Backofen auf 80° vorheizen. Restliches Öl in einem flachen Bräter erhitzen, die gefüllte Keule darin rundherum 8–10 Min. anbraten. Im Bräter in den Ofen geben und darin 5 Std. 30 Min. garen.

5 | Die Keule aus dem Ofen nehmen. Küchengarn entfernen, den Braten in Scheiben schneiden. Mit dem entstandenen Bratensaft servieren.

➤ Beilage: Früchte-Couscous (Seite 11)

1 Fleisch würzen

Fleisch salzen und mit Walnüssen und Datteln belegen, dabei einen Rand frei lassen.

2 Zusammenrollen

Das Fleisch zusammenrollen, Küchenband darumwickeln und verknoten.

3 Braten binden

Die Rolle jeweils im Abstand von ca. 3 cm erneut umwickeln und verknoten.

Highlight im Herbst

Filet mit Portweinpflaumen

FÜR 4 PERSONEN

- je 10 Wacholderbeeren, Piment- und Pfefferkörner
- 600 g Rehrückenfilet
- Salz | 2 EL Öl
- 12 entsteinte Dörrpflaumen
- 250 ml Rotwein
- 100 ml Portwein
- 1 Zimtstange
- 3 Gewürznelken

Zubereitung: 35 Min.
Garzeit: 1 Std. 45 Min.
Pro Portion ca.: 350 kcal

1 | Backofen mit ofenfester Form auf 80° vorheizen. Gewürzkörner im Mörser fein zerstoßen. Rehrückenfilet mit der Mischung einreiben, salzen und im heißen Öl in einer Pfanne rundherum 5–6 Min. anbraten. Fleisch in die Form geben und 1 Std. 45 Min. im Ofen garen. Pfanne beiseite stellen.

2 | Inzwischen die Pflaumen mit Wein, Portwein, Zimtstange und Nelken in einem Topf aufkochen und bei schwacher Hitze 15 Min. zugedeckt köcheln lassen. Beiseite stellen.

3 | 5 Min. vor Ende der Garzeit Bratensatz in der Pfanne erhitzen, Bratensaft aus der Form und Portweinpflaumen samt Flüssigkeit dazugeben, alles aufkochen und mit Salz abschmecken. Filet in Scheiben schneiden, mit Sauce und Portweinpflaumen auf vorgewärmten Tellern anrichten.

Klassiker auf neue Art

Reh mit Preiselbeersauce

FÜR 6 PERSONEN

- 1 kg Rehbraten (aus der Keule)
- Salz | Pfeffer
- 2 EL Butterschmalz
- 1 gestrichener EL Mehl
- 1 EL Butter | 1 Zwiebel
- 1 Bund Suppengrün
- 250 ml Wildfond (Glas)
- 250 ml Orangensaft
- 3 Zweige Thymian
- 100 g Sahne
- 4 EL Preiselbeeren (Glas)

Zubereitung: 45 Min.
Garzeit: 2 Std. 30 Min.
Pro Portion ca.: 325 kcal

1 | Backofen mit ofenfester Form auf 80° vorheizen. Fleisch salzen, pfeffern und in 1 EL heißem Schmalz in einer Pfanne rundherum 7–8 Min. anbraten. In die Form geben und 2 Std. 30 Min. im Ofen garen. Pfanne beiseite stellen. Mehl und Butter mit einer Gabel verkneten und kalt stellen.

2 | 30 Min. vor Ende der Garzeit Zwiebel schälen und fein hacken, Suppengrün waschen, putzen und klein würfeln. Restliches Butterschmalz in der Pfanne mit dem Bratensatz erhitzen, Zwiebel und Suppengrün darin 3 Min. unter Rühren anbraten. Mit Fond und Orangensaft ablöschen. Thymian waschen und dazugeben. Alles auf die Hälfte einkochen, dann durch ein Sieb in einen Topf gießen. Bratensaft aus der Form und Sahne dazugeben, alles weitere 5 Min. kochen lassen. Mehlbutter in Flöckchen einrühren, Sauce sämig einkochen lassen. Preiselbeeren unterrühren, Sauce mit Salz und Pfeffer abschmecken. Rehbraten in Scheiben schneiden, Sauce dazu reichen.

im Bild vorne: **Filet mit Portweinpflaumen** *im Bild hinten:* **Reh mit Preiselbeersauce** ➤

Geflügel – herrlich aromatisch

Saftig wie nie – so schmeckt mageres Hähnchen- und Putenfleisch dank der 80°-Methode. Enten- oder Gänsebrust gelingen ebenfalls perfekt: rosa gebraten und zum Niederknien zart. Und auch sanft gegarte Festtagsbraten wie gefüllte Ente oder knusprige Weihnachtsgans überraschen mit aromatischem Fleisch, das fast auf der Zunge zergeht.

Blitzrezepte

Entenbrust à l'orange

FÜR 4 PERSONEN

➤ 2 große Entenbrustfilets (à 350 g) | Salz | Pfeffer | 2 EL Öl | 2 Orangen | 100 ml Geflügelfond (Glas) | 20 g kalte Butter

1 | Backofen mit ofenfester Form auf 80° vorheizen. Entenbrüste häuten, salzen und pfeffern. Im Öl rundherum 4–5 Min. anbraten. In die Form geben und 40 Min. im Ofen garen.

2 | Orangen bis ins Fruchtfleisch schälen, Filets herausschneiden, Saft auffangen. Bratensatz in der Pfanne erhitzen, Fond, Saft und Bratensaft aus der Form dazugeben, einkochen. Butter einrühren, Orangenfilets dazugeben. Entenbrüste in Scheiben schneiden, Sauce darüber geben.

Sherry-Hähnchen

FÜR 4 PERSONEN

➤ 4 Hähnchenbrustfilets (à 140 g) | Salz | Cayennepfeffer | 3 EL Öl | 10 Mandeln | 1/2 Scheibe Weißbrot | 1 Knoblauchzehe | 100 ml Sherry medium | 200 ml Hühnerbrühe | 2 EL gehackte Petersilie

1 | Backofen mit ofenfester Form auf 80° vorheizen. Filets mit Salz und Cayennepfeffer würzen. Im Öl 4–5 Min. anbraten. In der Form 30 Min. im Ofen garen.

2 | Mandeln, Brot und geschälten Knoblauch im Bratfett goldbraun rösten. Im Mörser zerstoßen. Bratensatz mit Sherry und Brühe ablöschen, einkochen. Mandelmischung einrühren, alles 2 Min. köcheln lassen. Sauce über die Hähnchenbrüste geben, mit Petersilie bestreuen.

für Asia-Fans

Wokgemüse mit Entenbrust

FÜR 4 PERSONEN

- 2 Entenbrustfilets (à 300 g)
  Salz
  Cayennepfeffer
  1 EL Sesamöl
  4 Knoblauchzehen
  je 1 rote und gelbe Paprikaschote
  2 Möhren
  2 kleine Zucchini
  100 g Zuckerschoten
  1 kleine Dose Bambussprossen (140 g Abtropfgewicht)
  4 EL Öl | Zucker
  6 EL helle Sojasauce

Zubereitung: 40 Min.
Garzeit: 50 Min.

- Pro Portion ca.: 615 kcal

1 | Entenbrüste abspülen, mit Küchenpapier abtrocknen. Die Haut rautenförmig einritzen. Fleisch mit Salz, Cayennepfeffer und Sesamöl einreiben.

2 | Backofen mit ofenfester Form auf 80° vorheizen. Entenbrüste mit der Hautseite in eine Pfanne legen, erhitzen und in 3 Min. goldbraun anbraten. Wenden und weitere 3 Min. braten. In die Form setzen und 50 Min. im Ofen garen.

3 | Inzwischen Knoblauch schälen und fein hacken. Die Paprikaschoten waschen, vierteln, putzen und in sehr feine Streifen schneiden. Die Möhren schälen und in feine Stifte schneiden. Die Zucchini waschen, nach Belieben längs halbieren und in dünne Scheiben schneiden. Die Zuckerschoten waschen, putzen und schräg halbieren oder dritteln. Bambussprossen abgießen und in Streifen schneiden.

4 | 10 Min. vor Ende der Garzeit im Wok 2 EL Öl erhitzen, Knoblauch darin goldbraun anbraten. Paprika und Möhren dazugeben und unter Rühren 3 Min. mitbraten. Herausnehmen. Restliches Öl in den Wok geben. Zucchini und Zuckerschoten 3 Min. braten. Bambussprossen untermischen, 2 Min. mitbraten. Bereits gebratenes Gemüse wieder untermischen. Alles mit Zucker, Sojasauce und Salz würzen. Entenbrüste aus dem Ofen nehmen, in dünne Scheiben schneiden. Gemüse auf 4 Teller verteilen, Entenbrust darauf anrichten.

- Beilage: Basmati-Reis

TIPPS

Doppelte Portion – doppelter Genuss

- Garen Sie im Ofen statt 2 gleich 4 Entenbrustfilets. Denn auch kalt aufgeschnitten schmeckt das Fleisch unvergleichlich gut.
- Probieren Sie es mal frisch-fruchtig kombiniert: Für **Entenbrust-Mango-Salat** 2 gegarte Filets abkühlen lassen. In dünne Scheiben schneiden, auf einer Platte anrichten, leicht salzen und pfeffern. 1 reife Mango schälen, das Fruchtfleisch klein würfeln. 3 Frühlingszwiebeln waschen, putzen und schräg in feine Ringe schneiden. Mango und Frühlingszwiebeln mit 2 EL Limettensaft und 2 EL Walnussöl (ersatzweise neutralem Öl) verrühren. Über dem Fleisch verteilen. Salat mit knusprigem Weißbrot als Vorspeise servieren.

im Bild vorne: Wokgemüse mit Entenbrust *im Bild hinten:* Entenbrust-Mango-Salat (Tipp) ➤

raffiniert kombiniert

Gänsebrust mit roten Linsen

FÜR 4 PERSONEN

- 1 Gänsebrustfilet (ca. 500 g)
  Salz | Pfeffer
  2 EL Öl | 1 Zwiebel
  2 Knoblauchzehen
  1 EL Butterschmalz
  250 g rote Linsen
  600 ml Gemüsebrühe
  1 Lorbeerblatt
  2 Zweige Thymian
  1 Bund Petersilie
  2 EL Balsamico-Essig

Zubereitung: 45 Min.
Garzeit: 2 Std.
- Pro Portion ca.: 730 kcal

1 | Backofen mit ofenfester Form auf 80° vorheizen. Gänsebrust häuten, Fleisch kalt abspülen und mit Küchenpapier abtrocknen, salzen und pfeffern. Im heißen Öl in einer Pfanne rundherum 6–7 Min. anbraten. Fleisch in die Form geben und 2 Std. im Ofen garen.

2 | 30 Min. vor Ende der Garzeit Zwiebel und Knoblauch schälen, fein hacken und im heißen Butterschmalz 3 Min. unter Rühren anbraten. Linsen dazugeben, 1 Min. mitbraten. Brühe angießen, Lorbeer und Thymian waschen und dazugeben. 10–12 Min. bei schwacher Hitze köcheln lassen. Petersilie waschen, Blätter hacken und untermischen. Alles mit Salz, Pfeffer und Essig abschmecken.

3 | Thymian und Lorbeer entfernen, Linsen auf vorgewärmte Teller verteilen. Gänsebrust in Scheiben schneiden und darauf anrichten.

Asia-Style

Putenschnitzel mit Ingwer-Möhren

FÜR 4 PERSONEN

- 600 g Möhren | 1 Zwiebel
  50 g frischer Ingwer
  4 Putenschnitzel (à 200 g)
  Salz, Cayennepfeffer
  gemahlener Kreuzkümmel
  4 EL Öl | 1 TL Zucker
  1 Bund Koriandergrün

Zubereitung: 30 Min.
Garzeit: 40 Min.
- Pro Portion ca.: 330 kcal

1 | Die Möhren schälen und schräg in Scheiben schneiden. Zwiebel schälen, halbieren und in Spalten schneiden. Ingwer schälen und in feine Stifte schneiden.

2 | Backofen mit ofenfester Form auf 80° vorheizen. Die Schnitzel kalt abspülen und mit Küchenpapier abtrocknen. Mit Salz, Cayennepfeffer und Kreuzkümmel würzen. 2 EL Öl in einer großen Pfanne erhitzen, Schnitzel darin pro Seite 2 Min. anbraten. In die Form setzen, 40 Min. im Ofen garen.

3 | Inzwischen restliches Öl zum Bratensatz in die Pfanne geben, Zwiebel darin goldbraun anbraten. Möhren, Ingwer und Zucker dazugeben, 3 Min. unter Rühren braten. Salzen und zugedeckt bei schwacher Hitze 10 Min. garen.

4 | Koriander waschen, Blättchen grob hacken und unter die Möhren mischen. Mit den Schnitzeln auf vorgewärmten Tellern servieren.

im Bild vorne: **Gänsebrust mit roten Linsen** *im Bild hinten:* **Putenschnitzel mit Ingwer-Möhren**
➤

leicht & lecker

Putenbrust mit Frühlingsgemüse und Dip

FÜR 8 PERSONEN

- 1,2 kg Putenbrust
  Salz | Cayennepfeffer
  4 EL Öl | 1 Knoblauchzehe
  4 EL Honig
  3 EL Zitronensaft
  150 g Crème fraîche
  150 g Joghurt | Zucker
  1 Kästchen Kresse
  350 g kleine Bundmöhren
  500 g weißer Spargel
  2 kleine Kohlrabi
  1 Kopf Romanesco (ersatzweise Brokkoli)
  3/4 l Gemüsebrühe
  20 g Butter

Zubereitung: 1 Std. 20 Min.
Garzeit: 5 Std.
- Pro Portion ca.: 340 kcal

1 | Backofen mit ofenfester Form auf 80° vorheizen. Fleisch abspülen und mit Küchenpapier abtrocknen. Mit Salz und Cayennepfeffer einreiben. 2 EL Öl in eine Tasse geben, Knoblauch schälen und dazupressen. Honig, 1 EL Zitronensaft und 1 Prise Salz unterrühren. Restliches Öl in einer Pfanne erhitzen. Fleisch darin rundherum 7–8 Min. anbraten, in die Form setzen. Fleisch mit etwas Honigmischung bestreichen und 5 Std. im Ofen garen, dabei gelegentlich mit dem restlichen Honig einpinseln.

2 | 1 Std. vor Ende der Garzeit Crème fraîche mit Joghurt, restlichem Zitronensaft, je 1 Prise Salz und Zucker verrühren. Kresse abschneiden und unterrühren. In ein Schüsselchen füllen und kalt stellen.

3 | Möhren putzen und schälen. Spargel schälen, holzige Enden abschneiden, die Stangen quer halbieren. Kohlrabi schälen und in dicke Stifte schneiden. Romanesco waschen und in Röschen teilen. In einem Topf mit Dämpfeinsatz Gemüsebrühe aufkochen. Gemüse (falls nötig, in 2 Portionen) im Dämpfeinsatz zugedeckt in 10–12 Min. garen. Auf eine Platte geben, salzen. 50 ml Gemüsebrühe abmessen, Butter darin schmelzen und über das Gemüse träufeln.

4 | Braten aus dem Ofen nehmen. Ofentemperatur auf 200° erhöhen, Grill dazuschalten. Braten im Ofen unter dem Backofengrill ca. 5 Min. bräunen, in Scheiben schneiden und mit Gemüse und Dip servieren.

TIPPS

Gästefeine Resteküche

- Wie schön, wenn Braten übrig bleibt! Denn das sanft gegarte Putenfleisch schmeckt auch kalt ganz ausgezeichnet.
- Probieren Sie es mit fruchtig-scharfem **Krautsalat** – ein Partyhit! Dafür 250 g Spitzkohl putzen, in feine Streifen hobeln. In einer Schüssel mit 1 TL Salz mischen. 1 Bund Frühlingszwiebeln waschen, putzen und fein schneiden. 1 kleine reife Ananas schälen, den Strunk entfernen, das Fruchtfleisch klein würfeln. 1–2 rote Chilischoten putzen, in feine Ringe schneiden. Das Kraut etwas durchkneten, die vorbereiteten Zutaten und 3 EL Öl untermischen. 2 EL geröstete Erdnüsse grob hacken und darüber streuen.

im Bild vorne: **Putenbrust auf Krautsalat (Tipp)** *im Bild hinten:* **Putenbrust mit Frühlingsgemüse und Dip** ➤

indisch inspiriert

Gefüllte Ente mit Cashewkernen

FÜR 4 PERSONEN

- 1 TL Kreuzkümmelsamen
- 1 TL Anissamen
- 1/2 TL Kardamomsamen
- 1 TL Kurkuma | 2 Zwiebeln
- 2 Knoblauchzehen
- 1 grüne Chilischote
- 1 EL Butterschmalz
- 3 Scheiben Toastbrot
- 2 Strauchtomaten
- 100 g Cashewkerne
- 2 EL Rosinen
- Salz | Pfeffer
- 1 küchenfertige Ente (ca. 2,5 kg)
- 2 EL Quittengelee
- Holzspießchen

Zubereitung: 1 St. 20 Min.
Garzeit 80°: 5 Std. 30 Min.
Pro Portion ca.: 1400 kcal

1 | Kreuzkümmel und Anis in einer Pfanne trocken rösten. Mit Kardamom und Kurkuma im Mörser fein zerstoßen. Zwiebeln und Knoblauch schälen, Chili waschen und putzen, alles fein hacken und im Butterschmalz in 4–5 Min. goldbraun braten. Würzmischung aus dem Mörser unterrühren. Vom Herd nehmen.

2 | Backofen auf 220° vorheizen. Für die Füllung Toastbrot würfeln. Tomaten waschen, würfeln und dazugeben. Die Cashewkerne grob hacken, mit den Rosinen und der Zwiebelmischung untermengen, alles kräftig mit Salz und Pfeffer abschmecken.

3 | Ente waschen und abtrocknen. Füllen und die Bauchöffnung zustecken. Ente mit der Brust in die Fettpfanne setzen und im Ofen (unteres Drittel) 30 Min. braten. Die Ente wenden und weitere 30 Min. braten. Temperatur auf 80° zurückstellen, die Ente 5 Std. 30 Min. garen.

4 | Ente herausnehmen. Ofentemperatur auf 220° erhöhen, Grill dazuschalten. Ente tranchieren, Füllung in eine vorgewärmte Schüssel geben. Entenstücke in die Fettpfanne legen, Haut mit dem Gelee bestreichen und im Ofen in 3–4 Min. goldbraun grillen.

1 **Verschließen**

Bauchöffnung nach dem Füllen zusammendrücken und mit Spießchen zustecken.

2 **Ente tranchieren**

Ente mit einer Geflügelschere entlang des Rückgrats in 2 Hälften schneiden.

3 **Keulen auslösen**

Keulen und Flügel mit einem Messer im Gelenk herausschneiden. Brustfilets auslösen.

Klassiker auf neue Art

Weihnachtsgans mit Cassis-Blaukraut

FÜR 6 PERSONEN

➤ **Für die Gans:**
- 2 Zwiebeln
- 2 säuerliche Äpfel
- 1 Bund Beifuß
- 1 TL grob geschroteter Pfeffer
- 1 küchenfertige Gans (ca. 4 kg)
- Salz | Pfeffer
- Holzspießchen

➤ **Für das Blaukraut:**
- 1,2 kg Blaukraut (Rotkohl)
- Salz | 1 Zwiebel
- 1 säuerlicher Apfel
- 2 EL Butterschmalz
- 250 ml roter Johannisbeersaft
- 2 Lorbeerblätter
- 1 Zimtstange
- 3 Gewürznelken
- 4 EL Cassis-Likör (Johannisbeerlikör)

◷ Zubereitung: 2 Std. 15 Min.
◷ Garzeit 80°: 6 Std. 30 Min.
➤ Pro Portion ca.: 1820 kcal

1 | Backofen auf 220° vorheizen. Zwiebeln schälen, Äpfel waschen, beides in grobe Stücke schneiden. Beifuß und Pfeffer untermischen.

2 | Die Gans sorgfältig waschen und abtrocknen. Innen und außen salzen und mit der Apfelmischung füllen. Öffnung mit Spießchen zustecken. Gans mit der Brust in die Fettpfanne setzen (keine Flüssigkeit angießen!) und im Ofen (unten) 30 Min. braten. Die Gans wenden und weitere 30 Min. braten. Temperatur auf 80° zurückstellen und die Gans 6 Std. 30 Min. weitergaren.

3 | 1 Std. 15 Min. vor Ende der Garzeit das Blaukraut putzen, den Strunk entfernen. Blaukraut in feine Streifen hobeln. In einer Schüssel mit 1 TL Salz mischen. Zwiebel schälen und fein hacken. Apfel schälen, Kerngehäuse entfernen. Apfel klein würfeln. Butterschmalz in einem Schmortopf erhitzen, Zwiebel und Apfel darin unter Rühren 3 Min. anbraten. Blaukraut untermischen und 2 Min. mitbraten. Saft, Lorbeer, Zimt und Nelken unterrühren und alles zugedeckt 30 Min. bei mittlerer Hitze schmoren lassen, gelegentlich umrühren. Den Likör untermischen. Blaukraut mit Salz und Pfeffer abschmecken.

4 | Gans herausnehmen, öffnen und die Füllung durch ein Sieb in einen Topf gießen. Ofentemperatur auf 220° erhöhen, Grill dazuschalten. Fett aus der Fettpfanne nach Belieben mit einem Löffel entfernen, Bratensaft in den Topf gießen. Sauce aufkochen lassen, mit Salz und Pfeffer abschmecken.

5 | Gans tranchieren (wie Ente Seite 56). Stücke mit der Hautseite nach oben in die Fettpfanne legen und unter dem Ofengrill in 5–6 Min. knusprig braun braten.

6 | Das Cassis-Blaukraut in eine Schüssel, den Bratensaft in eine Sauciere füllen. Die Gänsestücke auf einer Platte anrichten und alles zusammen servieren.

➤ Beilage: Kartoffelknödel (Seite 10)

CARL MERTENS
SOLINGEN GERMANY

Damit Sie Rezepte noch schneller finden können, stehen in diesem Register zusätzlich auch beliebte Zutaten – ebenfalls alphabetisch geordnet und **hervorgehoben** – über den entsprechenden Rezepten.

Die Autorin

Margit Proebst studierte Kunstgeschichte und Philosophie in München. Daneben baute sie einen kleinen Partyservice auf, und von Zeit zu Zeit übernimmt sie Aufträge als Foodstylistin. Seit 1999 arbeitet sie als Kochbuchautorin und -lektorin in München. Ihre Liebe zum Reisen, zum Kochen und zum Genießen spiegelt sich in ihren schönen Rezeptideen wider.

Der Fotograf

Jörn Rynio arbeitet als Fotograf in Hamburg. Zu seinen Auftraggebern gehören nationale und internationale Zeitschriften-, Buchverlage und Werbeagenturen. Aus seinem Studio stammen alle Rezeptfotos in diesem Band. Tatkräftig wurde er dabei von den Foodstylisten Petra Speckmann und Hermann Rottmann unterstützt.

Bildnachweis

alle Bilder: Jörn Rynio, Hamburg

Syndication:
www.jalag-syndication.de

Titelbild

Das Rezept »Kalbsfilet mit Fenchel« finden Sie auf Seite 26.

Programmleitung:
Doris Birk
Leitende Redakteurin:
Birgit Rademacker
Redaktion:
Monika Greiner
Lektorat: Susanne Bodensteiner
Korrektorat: Mischa Gallé
Layout, Typografie und Umschlaggestaltung: Independent Medien Design, Horst Moser, München
Satz:
Uhl + Massopust, Aalen
Herstellung: Martina Müller
Reproduktion:
Repro Ludwig, Zell am See
Druck:
Appl, Wemding
Bindung: Sellier, Freising

ISBN 978-3-8338-0073-3

12. Auflage 2010

GRÄFE UND UNZER

Ein Unternehmen der
GANSKE VERLAGSGRUPPE

Unsere Garantie

Alle Informationen in diesem Ratgeber sind sorgfältig und gewissenhaft geprüft. Sollte dennoch einmal ein Fehler enthalten sein, schicken Sie uns das Buch mit dem entsprechenden Hinweis an unseren Leserservice zurück. Wir tauschen Ihnen den GU-Ratgeber gegen einen anderen zum gleichen oder ähnlichen Thema um.

Liebe Leserin und lieber Leser,

wir freuen uns, dass Sie sich für ein GU-Buch entschieden haben. Mit Ihrem Kauf setzen Sie auf die Qualität, Kompetenz und Aktualität unserer Ratgeber. Dafür sagen wir Danke! Wir wollen als führender Ratgeberverlag noch besser werden. Daher ist uns Ihre Meinung wichtig. Bitte senden Sie uns Ihre Anregungen, Ihre Kritik oder Ihr Lob zu unseren Büchern. Haben Sie Fragen oder benötigen Sie weiteren Rat zum Thema? Wir freuen uns auf Ihre Nachricht!

Wir sind für Sie da!
Montag – Donnerstag: 8.00 – 18.00 Uhr;
Freitag: 8.00 – 16.00 Uhr
Tel.: 0180 - 5 00 50 54*
Fax: 0180 - 5 01 20 54*
E-Mail:
leserservice@graefe-und-unzer.de

*(0,14 €/Min. aus dem dt. Festnetz/ Mobilfunkpreise maximal 0,42 €/Min.)

P.S.: Wollen Sie noch mehr Aktuelles von GU wissen, dann abonnieren Sie doch unseren kostenlosen GU-Online-Newsletter und/oder unsere kostenlosen Kundenmagazine.

GRÄFE UND UNZER VERLAG
Leserservice
Postfach 86 03 13
81630 München

FLEISCH PERFEKT VORBEREITEN

- Befreien Sie das Fleisch von Häutchen, Fett und Sehnen und würzen es nach Rezept. Bitte nicht in Mehl wenden!
- Wichtig bei großen Braten: Nehmen Sie das Fleisch rechtzeitig aus dem Kühlschrank! Es sollte beim Anbraten Zimmertemperatur haben.

Geling-Garantie fürs sanfte Garen bei 80°

FETT & ÖLE

- Verwenden Sie zum scharfen Anbraten neutrales, raffiniertes Pflanzenöl. Es verträgt hohe Temperaturen und verbrennt nicht.
- Wollen Sie größere Stücke langsam bei mittlerer Temperatur anbraten? Dann ist Olivenöl die richtige Wahl.
- Für buttriges Aroma verwenden Sie Butterschmalz.

GLEICH GENIESSEN!

- Das obligatorische Ruhenlassen des Bratens entfällt bei der 80°-Methode. Sie dürfen ihn also sofort anschneiden. Das Fleisch wird nicht ausbluten. Denn durch das extrem langsame Garziehen hat es sich vollständig entspannt, die Fleischsäfte haben sich perfekt verteilt.

HEISS SERVIERT

- Richten Sie sanft gegartes Fleisch immer sofort auf vorgewärmten Tellern an. Sonst kühlt es zu schnell ab. Die einfachste Methode: Geschirr heiß abspülen, dann abtrocknen.
- Lassen Sie in Scheiben geschnittenen Braten nicht zu lange herumstehen. Und servieren Sie auch Saucen und Beilagen möglichst heiß.